U0801041

薛瑞萍班级日志

教六年级的日子（下）

薛瑞萍 著

江西教育出版社
JIANGXI EDUCATION PUBLISHING HOUSE
·南昌·

图书在版编目（CIP）数据

教六年级的日子．下 / 薛瑞萍著．-- 南昌：江西教育出版社，2020.11
（薛瑞萍班级日志）
ISBN 978-7-5705-2008-4

Ⅰ．①教… Ⅱ．①薛… Ⅲ．①小学语文课—教学研究 Ⅳ．① G623.202

中国版本图书馆 CIP 数据核字（2020）第 159635 号

教六年级的日子（下）
JIAO LIU NIANJI DE RIZI（XIA）
薛瑞萍 著

江西教育出版社出版
（南昌市抚河北路 291 号　　邮编：330008）
各地新华书店经销
江西千叶彩印有限公司印刷
开本 880 毫米 ×1230 毫米　　1/32　　印张 6　　字数 91 千字
2020 年 11 月第 1 版　　2020 年 11 月第 1 次印刷
ISBN　978-7-5705-2008-4
定价：36.00 元

赣教版图书如有印装质量问题，请向我社调换　电话：0791-86710427
投稿邮箱：JXJYCBS@163.com　　电话：0791-86705643
网址：http://www.jxeph.com

赣版权登字 -02-2020-384
版权所有 侵权必究

序言

Preface

只是陪伴

一

1979年10月，赵化玉老师引导同学们写日记。那年我14岁，正读初二。14岁，初二，才开始学写日记！那是怎样一个散漫而魔幻的年代！

倏忽41年过去。敝帚自珍的20多本自说自话也好，教育论坛上的教学叙事也好，喜马拉雅App上的“看云读书”系列讲述也好……都是日记，是寻常岁月在文字和声音里留下的印记。源头，都在教我语文的赵老师那里！

对我来说，日记是生活记录，也是生活本身。记录带来反思。反思与不反思的日子，怎么可能一样？

二

从教37年，服务7届孩子。

1984年8月入职，我接手的是三年级。2020年10月退休，我告别的是五年级。中间五轮大循环，“心平气和”的这一届是第四轮。其时正值“新课标”勃兴，其时恰逢“信息时代”到来。那些年头的老师，真是既淳朴又浪漫，既飞扬又踏实——

读帖、跟帖、争论、交流……“论坛时代”少有图片，更鲜见视频，大家展示或比拼的就是文字，是文字叙述的实践与思想。诚实的书写总能获得热忱鼓励，让发帖人欲罢不能。

就这样一路行一路写，从“兴致勃勃”到“栀子花开”，实实在在！始于2004年8月30日、结在2010年6月13日的六部“流水账”，是孩子的成长记录、教师的心路历程，也是一个时代的产物和证明。

此情可待成追忆，只是当时已惘然。

倏忽10多年过去，学校及整个教育环境发生了巨大变化。然而同行以及家长，依然记得这套班级日志。大家的记得，也许是对一个时代、一种情怀、一种教育生态的想念吧。

三

再版之际，需要强调的是三点反省。

反省之一：关于写话和日记。

一个突出的过失，就是鼓励进而要求一年级孩子写话。名为“自愿”，然而一年级的家长和孩子哪里禁得起老师，尤其是看云老师的鼓励和刺激！后来我才知道，为了写出得到表扬的那几句，孩子一家往往需要忙到很晚。原本这些时间应该是孩子用来运动、玩耍、阅读和睡觉的。如果老师真的“心平气和”，就该懂得等待，等“时候到了”再让孩子写。那么孩子会少累很多，而且事半功倍。

之后的两届，看云给学生和自己减负，二年级开始写日记，一周一篇，及时点评。事实证明效果更好。《写作课》就是这种反思与实践的记录。

反省之二：关于阅读。

一年级每天背诵两首儿歌，二年级鼓励孩子读整本字书——这就让阅读罩上了求多、求快、求深、求早的“火烧云”。无视“此一阶段”孩子的感觉和需要，减损了儿童阅读应有的从容与舒适。

具体到“儿童经典诵读”，当年的我还是过于强调背诵了。这是对“显性成果”的偏执，应当检讨。当我批评“诗词大会”沦落为“背诵大会”“记忆大赛”的时候，我常常想起自己班上的“赛诗会”。一位女生曾因此紧张到肚子痛。

反省之三：关于考试。

连续贴出的“单元测验情况”说明什么？说明我还是把分数看得太重。这不是基础教育工作者应有的心态。之后两届，看云不再为了分数跟自己及孩子过不去，也不再盯住弱孩子帮扶到底。

终于明白：不管你教得如何努力，也有孩子就是考不及格，且这些孩子有权过“不及格的幸福生活”。也就是说，看云无权要求孩子、家长和自己一起“为了及格而奋斗”。奋斗的结果是：那个家庭终于不能承受“师恩的压力”，让孩子转学走了。

几年之后，当孩子母亲告知原委时，我才明白：教师要自觉限制自己的行为，包括以爱为名的过度期待、过度帮助、过度打扰。否则，教师就是在制造教学污染，令人避之不及。

四

连续性是第一重要的教育原则，也是看云著述的特点。日记嘛！

同是教育叙事，对比《给我一个班，我就心满意足了》和《心平气和的一年级》，同是毕业致辞，对比《投我的影子在你们的卷上》和《世界上最重要的事情》，从浪漫到质朴的一路，流转的是岁月，也是心境。

经典诵读是一种生活方式，也是一种教育理念。在我这里，作为班级实践的儿童经典诵读开始于“心满意足”那一届，具体地说，是开始于1998年9月。

那一届的一年级，我们人手一本《365夜儿歌》；那一届的二年级，我们人手一本注音版《365夜日记》。到了六年级，我们诵《爱莲说》《新月集》，读《铁道游击队》《红日》《我们仨》《汤姆叔叔的小屋》《苏菲的世界》《小王子》……。将班会和家长会开成读书会；就阅读给家长写信，也是从那一届开始的。

“心满意足”的那一届，我还在“成绩报告册”里私自添加了“阅读”一科。一至六年级，每个孩子的“阅读课”成绩都是具体而实在的，打分依据是各人的诵读状态及读书分享表现。目的就是用分数促使孩子及家长重视阅读，爱上阅读。

“无限信仰书籍的力量！”

苏霍姆林斯基的信念也是我的信念。

五

“班级阅读课程化”是书香班级的硬核所在，课程化的内容和节奏，只能在连续真实的摸索与实践中得以产生和确定。

当《教六年级的日子》在栀子花香中结束，“我们班的阅读课程”也如一条道路在眼前延展。那就是：

1. 向家长募集资金，建立班级书库，保证孩子每天能够借阅一本图书。

2. 一周一个故事，固定时间讲述，讲述内容主要来自班级图书。

3. 以《日有所诵》为材料，日有所诵。

4. 以吟诵的方式学习古诗，一周一首，形成韵律。

“除了吟诵，前三项我几乎都在做。薛老师，原来我也在做阅读!

“刚上课的时候，教室不是有点乱吗? 我就让学生读书给我听。低年级读儿歌，中高年级读诗。就一两分钟，很提神，很聚气。我喜欢用小故事创设情境，然后他们自由作画。我还鼓励学生从图画书里找灵感。他们画的时候，我就看书。每个班都有书柜，都有看不完的好书!”8月21日上午，隔壁值班的美术老师说。

是啊，是啊。如呼吸，如饮食；如水渗地，如风入林。我的同事们，不分学科、自然而然——都在做阅读。

六

说说占用思品课的事。

16年前，2004年9月，校长巡课时就注意到看云课堂的不一样。她既好奇应该紧张的语文课何以可以听音乐，也诧异于思品课何以能够听歌、读书、写作业。前者太过奢侈，后者明显违规。

说服校长的，不是“课改”“整合”以及“完整的教育”“完整的人”这类说辞，而是日子一天天过去，一（2）班呈现的秩序井然的状态。

文明沉静，知书达理。

书香班级是非少，书香家庭幸福多。

这是我的信念，也是我对孩子及其父母的期待。

37 年，我和搭档没有碰到特别难沟通的家长；37 年，校长们——算起来共有 7 任，没有遭遇过来自我班家长的困扰。这是我的福气，也是历任校长对我特别包容的原因。

占用思品课不是一件理直气壮的事情，需要先完成思品课教学任务，需要有“做完整教育”的事实，更需要相对宽松的环境、相对包容的领导。年轻的同行啊，不要被我误导了。

语文课时向来紧张。不要贪多，不要急躁。首先要踏踏实实完成教学任务，其余能做多少做多少。

阅读固然重要，更重要的是我们师生的健康和舒心。

七

关于诵读、吟诵、讲述，都有完整连续的课堂记录出版。这里特别想说的是“班级图书”，这一块儿太重要了！

班级图书对于班上的孩子而言，是草原之于羊儿，河流之于鱼儿。我确信：优质且适宜的班级图书，是集体生活清洁而丰沛的水源。我欣见：课堂不爱发言的孩子们，课间围绕一本好书，说得热火朝天！

而我自己，归根到底，就是在自由阅读、自主探索中走过来的呀。

“心平气和”之后的两届，家长中颇有热爱儿童阅读、熟悉儿童文学的。于是图书选购日益成为“家委会阿姨”的事情，于是承载了爸爸妈妈童年回忆的《大闹天宫》《黑猫警长》《雪孩子》得以进入班级，成为亲子共读的温馨材料；于是老师把《鸡毛信》《雁翎队》《三国演义》带进教室，使得连环画成为孩子们私下交流的“硬通货”。

于是呢，在临近退休的日子里，在2020年这个特殊的夏天，承蒙合肥市62中年轻同行的信任——修订版的班级日志就有了分年级、分学期的班级书单。

要计成本，要兼顾中外，我们的书单一直在更新。定格在这里的，是一个参考与回顾。非常局限，非常个人。然而对于一个孩子来说，数量与深度持续累进的这么多书，就相当于一道瀑流、一条路，可以取一瓢饮，也可以凭借阅读所得线索，走向书店、书城、公共阅览室——走向自我教育的彼岸。

不少中国原创的“老书”已经绝版，这是一件非常令人痛惜的事情！特意录在这里，是纪念，也是期待。

有些书广为人知或一搜便知，有些书年轻人鲜少听闻或几乎淡忘。这是书单信息详略不同的原因。特意标明出版和制作单位的只有经典动画和连环画，是为了表达一份个人的感情。

致敬《连环画报》、上海人民美术出版社、上海美术电影制片厂。它们以良心创作滋养了包括看云在内的几代人，我们不应该忘记。

八

关于世界儿童文学，请尽量购买保留原著插图的版本，这才是严格意义上的正版。

比如《小王子》《西顿野生动物故事集》《杜立德医生的故

事》《天使雕像》，作者本人亲笔描绘的插图，是作者在文字之外，为读者开启的一扇心门！

比如《时代广场的蟋蟀》《塔克的郊外》《夏洛的网》《精灵鼠小弟》，盖斯·威廉姆斯和E.B.怀特的插图，是故事不可分割的部分。仿佛骨中之骨，肉中之肉。

还有英格丽·凡·奈曼所作《长袜子皮皮》的插图，笔触之温软与纯净，背景之明澈与空灵，几乎可以在阅读之前，先触动我们的心！还有灰谷健次郎的《兔之眼》，最令本班孩子难忘的，是那些充满力量的插图。至于E.L.柯尼斯伯格的《小巫婆求仙记》——“不看图，你绝对想不到，她是一个黑人小女孩！”

如何习得鉴别插图真伪的眼力呢？彭懿老师的《世界儿童文学：阅读与经典》是可靠的教材。我以为，《世界儿童文学：阅读与经典》《世界图画书：阅读与经典》兼具学术性、思想性、艺术性，是小学语文教师之必读书。

九

“干净”是我对写作的追求，然而“干净”似乎是没有止境的。所以要修订，要删冗。编辑用心做出索引的这一版，定能为你节省时间，带来方便。

至于说到这一套日志的意义，那就是——

陪伴。只是陪伴。

父母也好，教师也好，比起2004年，挑战更多，压力更大。

挑战更多、压力更大的何止教师和父母呢？对于中国来说，“三千年未有之巨变”一直就没有停歇过，所以我们一直在探索和适应中。然而总有一些东西是必须坚守的，那就是——

对儿童的忠诚，对真教育的追求。

忠诚服务儿童，努力实践真教育的同道啊，愿你足下的道路，长远而坚实。

感恩你的开卷！

祝福你和你的孩子！

薛瑞萍

2020年8月23日

桃源是有的

这是由日志段落连缀而成的序言。

这一招是跟朱学勤学的。

顺便，向同行以及高中生推荐朱学勤的《书斋里的革命》。

一

母语是什么？关于母语的所谓工具说、人文说，其实都是对母语生命感、完整感的扼杀与宰割。母语绝不是外在于人的工具，母语是最初、最深的人本身。

从母亲受孕的那一刻起，从人还是受精卵的时候起，人就在母腹——包括母亲的睡梦里，无一刻间断地吸纳、饮食着母亲用母语说话或用母语思维时身心的震颤和律动。

出生伊始，对于听到的语言，人自然完全不懂，但那声音、那节奏，人却是极熟悉、觉得极温暖的——是伴随其长育成形、彻底融入骨血的。这种包孕懂得又超越懂得的温暖、熟悉、一体感，是人学会说话的前提，也是一团混沌的赤肉成为社会人的前提。

一个人的母语水准，往往决定了其创造力、思维力、感情力（情感体验能力、表达能力）所能达到的境界。社会科学也好，自然科学也好，人在具体学科取得的这项那项成就，好比硕果累累的桃树、梨树、苹果树——先有丰壤，后有果树。你怎能期待半尺厚的薄地上长出草以外的东西？

所以梅尔·列文在《破茧而出》里指出：四年级之前，即母语学好之前，绝对不要学习外语。

二

> 即使《桃花源记》中的秦非指苻秦，但不有坞壁，何能有《桃花源记》？在纪实上，《桃花源记》是坞壁的反映，在寓意上，《桃花源记》是陶潜思想的反映。（《陈寅恪魏晋南北朝史讲演录》）

原来，桃源竟是有的！

“桃之夭夭，灼灼其华。之子于归，宜其室家。”在中国，桃花从来就和美好的爱情及随之而来的家庭幸福连在一起。最可靠的桃源，在完全的爱和无条件的接纳里。无论是成人还是儿童，在艰难时世，没有桃源的日子是不可想象的。

坞并非坞主所有，坞主对于坞中成员，只起督护作用，对耕种、打仗，只负指挥之责。

我们是点灯人，我们也是坞壁主人——桃源主人。我们有灯火，也有坚壁、耕地和水泉。照亮孩子的街灯，也照亮我们自己；灿烂孩子的桃花，也灿烂我们自身。

三

儿时读革命故事，长大读革命文学，我们这一代人——包括数学教师，甚至包括语文教师，无力阅读外国文学的不在少数。这是阅读胃口、阅读能力早期遭局限、压抑的结果。

今天，在儿童阅读蓬勃开展的地方，小学生阅读米切尔·恩德、怀特、林格伦乃至《简·爱》《牛虻》《野性的呼唤》毫不隔膜——能达此境，教师满怀热情的引导起了关键作用。所以，当中国孩子对《愚公移山》《朝三暮四》感觉隔膜时，教师是否应当反躬自问、起而行之？

人类的心量无限，儿童的兴趣多样。相信总有一些孩子会喜欢的，而那原本不喜欢的，必会因为教师的努力，慢慢有些喜欢。

即便为了真心喜欢的“一小部分”，我们也必须借由优质读本，在教室里演绎《共工触山》《鹬蚌相争》的好戏，探讨“除夕年”和“清明节”的来历——将舜的大象牵进教室，让禹的功绩照亮童心。否则，多数孩子将一生错过因图画映照而格外绚丽的《夸父追日》的壮烈、《女娲补天》的深情、《舜耕历山》的浪漫、《大禹锁蛟》的豪勇……而那“一小部分”的损失，其实就是整整一代人的损失，整个世界文明的损失——如果你同意中华文明是世界文明的重要组成部分。

四

牛肉是有营养的，然而该喝奶的时候却不能让孩子嚼牛肉。低年级诵读《诫子书》，只能是死记硬背。缺乏认知和体验的死记硬背，不仅伤害稚嫩的童心，也糟蹋诸葛亮的好文章；既对不起古人，又对不起孩子。

形象思维是儿童的认知特点，唯有先行满足了孩子对于感性认知的需求，才能期待他们的抽象思维能力得到充分发展。生命是分阶段的，下一阶段的充分发展必以上一阶段的充分发展为前提。

“什么是适合学生的经典？”适合学生的经典，就该是形象的、感性的：它的形象美而鲜活，它的音韵美而灵动；它能激发人心固有之向新、向美、向上的生命力。其与儿童生命的关系，当如深渊之于潜龙、空谷之于乳虎、长风之于鹰隼、雨露之于花树——它能令学生腾跃、飞扬、挺拔。

阅读之外，孩子更需要的是拥抱世界，拥抱生活。

五

极少会有孩子因考试而得快乐。考试给多数学生带来的是折磨、挫败和痛苦。总是名列前茅的，往往精神更紧张。一至三年级，是孩子求学之初的三个学年，也是孩子及其父母最脆弱、最敏感的三年。一年级，很多孩子还没明白测验是怎么回事呢，就已稀里糊涂地成为“差生”，和父母一起堕入焦虑和恐惧的深渊了。

正如每个儿童生长发育的速度不同，每个学生都有自己的学习节奏。旨在让同龄儿童同期长牙、走路、说话的医学努力一定会让人们感到荒唐、残酷吧？然而，“标准测验”和随之而来的对教师、学生的粗暴评价却很少有人质疑，这真是一件令人惊讶的事情。

六

这是一个充满竞争的时代。无处不在的生存竞争已经具体演绎为知识竞争、能力竞争、体质竞争、心理素质竞争，还有——合作精神与合作能力的竞争。

合作为什么重要？阿德勒在《自卑与超越》里指出：合作是个人与世界建立温暖、健康、牢固联系的途径和能力。一个人幸福与否，跟他拥有多少财富、多大权势没有关系；一个人幸福与否，关键取决于他是否与世界建立起温暖、健康、牢固的联系。如果这种联系的纽带完全切断，人是一天都活不下去的；如果这种联系的纽带变得扭曲、松弛，人就只有患病、发疯、犯罪的道路可走。

儿童需要学习的东西太多。目前的学校教育、家庭教育片面注重儿童认知能力的培养。其实，儿童首先需要学习的乃是合作。学习合作需要榜样，父母首先要做合作的榜样。

七

想起在一所私立小学看到的课堂：孩子都木木的，生气黯然，灵性几无。他们乖乖地坐在那里，于沉闷的静默或被指令的朗读中，散发出深浓难掩的沮丧和哀伤。他们当然应该沮丧和哀伤！因为生意太忙，父母没有时间与他们牵手，共同走过童年阶段最重要、最艰难的成长之路。这些可怜的孩子，一年级就开始寄宿了，只有周末才回家。而那种所谓的团聚，已经丧失正常家庭该有的亲切与自然。

更可怕的是，这种树苗不接地气的沮丧和哀伤，是孩子自己意识不到的。成年之后的人格变态和精神疾病，大多源于童年时代的亲情匮乏。在这物欲横流的时代，利欲和利欲合谋，泯灭了父爱和母性，制造出小学寄宿这种冷酷畸形的社会需要，生生将孩子变成病人。

八

我爱吟诵。

也许，我这一辈子都不能形成自己的基本调，不能真正学会吟诵。但是我想，这不妨碍我把吟诵带给朋友，尤其是我的学生。

原因很简单：我们每个人都是民族生命之树上的一片叶子、一朵花，吟诵，是被我们遗忘了的根。我们需要归根，我们需要得到根的滋养。

九

星期四朗读《心灵的日出》之《在语词的密林里·人和书》，看云将跟学生说起秦始皇、希特勒和“文化大革命”，看云希望学生记住：凡是焚书的地方，最终将必焚人！

纳粹焚书50周年时（1983年5月10日），联邦德国法兰克福市（这里每年举办世界上最大规模的书展）工会举行过群众集会纪念这现代的焚书丑行——大会的横幅引用了诗人海涅的名句：

凡是焚书的地方，最终将必焚人！

十

我横遭欺凌的母语啊，我伤痕累累的根，要多少好儿女倾尽心血，才能换来你的绚烂与尊荣？

薛瑞萍

2010年5月31日

目录 Contents

3月 “哦，《万物简史》！”

4月 百顷风潭，十里荷香

5月 吹奏“青春读书”的序曲

6月 世界上最重要的事情

附　录

3月 March

“哦，《万物简史》！”

2010年3月3日 / 星期三 雨

我和吟诵

一

今天或将来，每一个爱上吟诵的人，都必有一个“我和吟诵”的故事可以讲说。故事的开头大多是这样：“有一天，有个人……”我的故事就是这样。

2009年7月的一天，朱文君来电，邀我前往浙江宁波

“名师大讲堂”做一场讲座。其间，文君用了恳求的语气说：“活动内容很多，别的不敢勉强你，但是，中央民族大学副教授徐健顺的吟诵讲座，你一定要听！我相信，你听了一定会有感觉。”

何止有感觉！这一听，看云就如痴如醉，如沸如燃，一头掉进去拔不出来了！

看云听课，从来不屑动笔，那天却认真做了记录，然后——拿着根据笔记重新罗织的提纲，在电话里，在宾馆，在办公室……给我以为慧根尚在的朋友，又是唱又是说，依葫芦画瓢地开起了小讲座。须知，此前的看云，从来不敢在人前“开唱”。

2009 年 10 月，南京东南大学礼堂，“现代与经典”会场，汪秀梅老师的《秋思》结束了，接着就是看云的讲座。“听了汪老师的吟诵课，心情十分激动。我从不唱歌……”台下送来温暖的、鼓励的鼓掌，“可是，就在刚才临上台的一瞬间，我决定豁出去了！”

于是，看云吟诵了徐健顺老师的《蒹葭》，颤颤悠悠，豪气十足。紧张与勇敢，都是前所未有的。豁出去的感觉真好！从此，看云便一“豁”而不可收拾，常在讲座中学吟古诗词。目的是想告诉同行：吟诵太美好，看云爱吟诵。

2009 年最大的收获就是听了徐教授的讲座《吟诵之美》。

今年寒假，在清华园，我接受了为期五天的吟诵培训。每天从上午八点学习到晚上九点，是真正的集中营式的魔鬼训练。五天之后，受训者纷纷发愿要做一粒饱满的种子，尽己所能，为吟诵在中国内地的繁荣做贡献。

二

上学期，孩子们听了不少吟诵。看云也刻了不少光碟发给学生。想法很简单：只要学生知道有吟诵，对吟诵有兴趣就行啦。

教师只管播种，不问耕耘与收获。以后的事情，山高水低，各自随缘啦。

元旦联欢会上，王艺伟吟诵了《五柳先生传》，这让教师大受鼓舞。

一个问题：关于吟诵，这学期我能为学生做什么呢？还是光听不讲吗？

我可不想跟他们说什么“平长仄短、依字行腔”，一是没时间，二是没闲情。本学期课时高度紧张，诵读、朗读，还要应付所谓的毕业统考。

宁波归来八个月，除了外出，几乎日不间断地听吟——饱听。开始只愿听徐健顺的新吟诵，因为新吟诵细腻浪漫，颇新潮；接着听他用普通话学吟传统吟诵；接着听程滨慷慨深情的京腔吟诵调。

然后呢？奇怪的事情发生了，仿佛是时间和“已听”在我内部自然蕴蓄发酵的结果：初听觉得声颤气游、呕哑嘈杂的老先生们的传统吟诵，比如陈炳铮的《秋思》、文怀沙的《黍离》、高文的《清平调》……那些并非录音棚制作出来的带杂音的原汁原味原唱，竟然让我颠倒沉醉，获得极大的满足！

昨晚，听叶嘉莹先生吟《赠卫八处士》：“哦，这真是一首好诗！我真有福气！我终于知道！”窗外风雨大作，屋内看云唏嘘。

“唱歌和吟诵的不同在于：唱歌重在曲调，吟诵重在字词。吟诵传达出吟诵者对于诗词的独特理解，好的吟诵会让人觉得这首诗写得真好，而不是这个曲调真动听。”

培训班的课堂上，徐教授反复强调。

叶先生八十多岁了，她的吟诵有些轻微的颤抖，透着说不出的沉郁、刚毅与温情。可是当我放开声音学吟的时候，我的声音竟然比她还要颤抖，一句接一句，气息根本连不上——可见吟诵能够养气健身之说绝非虚言。

想到当中国内地采用西方理论解释中国古诗词的时候，先生却独自飘零海外，面对各种肤色的学生坚持用吟诵的方法教学古诗词。一瞬间，我对所谓“宗教情怀”有了理解。

所谓“宗教情怀”，就是不管成败利钝，一意做自己认为正确、美好的事情。用叶先生自己的话说就是：不管面对的是怎样的学生，不管他们懂不懂、喜欢不喜欢，也不管这些东西对他们将来有没有用，我都要用最大的热忱去讲，因为我讲的是李白、杜甫、苏轼……这些人、这些诗词，不容我有一丝一毫的马虎和敷衍。

我想，当一个人抱定这种信念的时候，其实就已经站在彼岸了。此岸的成败利钝、兴衰毁誉，对于这个人已经连蛛网都算不上。

于是心中有了决断。

三

2 月 21 日下午给我们上课的是姜嘉锵老师。姜老师是唱古典诗词最多的歌唱家。多年来，他坚持用吟诵法唱诗，为此他常常修改歌谱。

姜老师的唱诗光盘已经买不到了，从培训班刻录回来的三张碟片是我的宝贝。

星期一，上课第一天的下午，学生就听《春晓》。今天上午，教师先讲“平仄”，接着带着他们按照“平长仄短”的方法，正确朗读《春晓》，然后告诉学生什么是“依字行腔”，然后再听《春晓》，最后我让他们站起来，尽量放松地跟着光盘，用吟诵的方法学唱《春晓》。

又转来两个新生，63 个孩子的大班，要想让他们都跟着唱出来，现有的非专业刻录而成的吟诵材料显然有些力薄、带不动。我且从“吟诵艺术表演化”的唱诗开始，以后再带他们跟着真正地吟诵，体会“平长仄短”“依字行腔”。

唱诗不是吟诗。暂时借用唱诗作为过渡，是不得已，更是一种偶然。将来，面向儿童的吟诵教材必须富有感染力、带动力。只让人听了独自感动是不够的，要能让整班孩子都能有所感应、有所激动才行。

“好听”“花”是入门的前提，然后，他们中的一些人也许会和我一样，渐渐迷上“白色的吟诵”。

“不管怎么讲，对于孩子来说，听唱诗总比听流行歌曲强。”徐健顺说。

“现在的很多流行歌曲其实就是音乐垃圾。听多了，不仅会让你变傻、变躁，而且会让你变丑。因为声音是滋养大脑的营养，因为干净、美好的声音可以净化、美化你的相貌。”这是看云课堂的老生常谈了。

四

宁波归来，转眼八个月过去。为什么看云一直没有就吟诵写东西?

吟诵是要发声的，吟诵的好处或者真谛，实在不是文字可以表达的。原本应当涌动成为声音的感受，一落到文字，其意义就已经减半。

朋友，如果你对吟诵有兴趣，我会立刻关掉电脑，放开喉咙和胸襟，用我并不悦耳的声音与你交流。

很惭愧到现在还没有形成自己的基本调，只能带着深切的喜爱，去学别人的调子。所以，我觉得自己没有资格就吟诵说长道短，更不要说教学了。

然而今天为什么写了呢？

就因为叶先生的《赠卫八处士》。我知道，如果今天不给学生讲点什么，不在这里写点东西，我会又一夜失眠的。至于听吟而落泪，已经好几次了。情通古人的感觉真好！有一层深藏的壳因为吟诵而软化、脱落的感觉真好！

我爱吟诵。

也许，我这一辈子都不能形成自己的基本调，不能真正学会吟诵。但是我想，这不妨碍我把吟诵带给朋友，尤其是我的学生。

原因很简单：我们每个人都是民族生命之树上的一片叶子、一朵花，吟诵，是被我们遗忘了的根。我们需要归根，我们需要得到根的滋养。

相信，经过很多像徐健顺这样拥有情怀的文化英雄的努力，吟诵一定会在中国内地复兴。

3月5日 / 星期五 雨

精讲多读及良性循环

第一单元四课，一周上完。

《长江之歌》是歌词。写作特点有：两段结尾相同，意在反复抒情；第一段从空间角度写长江，第二段从历史角度写长江；四行为一个大的意义单位，两段结构相同；单句、双句句式相同；通篇使用拟人手法。朗读，找出特点；朗读，回味特点。教学结束，学生基本会背。

《三亚落日》，直接进入要求背诵的三、四两段。划分层次是我们的传统，这对于训练思维、强化记忆都有好处。第二段四句话，分别写海水、白鸥、椰子树、细沙。读明白也就行了。首尾两段，一读而过。

第三课，《烟台的海》。因为墙上的《中国地图》《世界地图》，“北面临海”、西伯利亚的冬季寒流、南太平洋的季风变得一目了然。朗读、分层，体会冬日之凝重、春日之轻盈、夏日之浪漫、秋日之高远。

《记金华的双龙洞》，干净可亲的一篇游记。圆融一体，不可分割。老老实实跟着叶圣陶的足迹，从金华城出发，一路观山花、听溪流、看外洞、过空隙、游内洞。要求背诵的第五段，自然要多盘桓几个来回：朗读、分层、再朗读，想象作者紧张刺激的感觉——确保孩子课后八成会背。

一课一篇，大致如此。比起陈琴，还不算快。阅读、诵读培植起来的理解力、感悟力，使得精讲多读成为可能；而精讲多读又为课堂上的诵读、朗读创造了空间。此之谓良性循环。

另一个教学重点，是集体订正《练习与测试》，一题不漏地逐项进行。发言、倾听、再订正。互查和初订正之后，集体订正其实就是巩固和交流。

六年级了，作业依然不收。同座互查，是学生早晨到校第一件事。词语错一处订正十遍，思考题错一处订正一遍。然后，指正者拿着同座订正好的作业，到教师这里领取一张盖有“坐看云起”识别图章的小书签。一对同座同时拿到书签的事情是经常发生的。学期结束，凭书签兑奖。

根据书签数量，奖品从世界名著、图画书到笔记本到小零食都有。一张书签也可以得奖。此外，发言精彩、日记漂亮、表现优秀……都可以得书签。

这种办法不是人人都可以效仿的，以后是否能用看云也不知道。学生愿意认真互查，其根本原因在于他们知道：老师绝非偷懒，免去老师批改作业的负担对于他们大有好处。那就是：老师可以精力充沛地阅读、思考、汲取，从而将阅读、思考、汲取的收获带给他们。这也是一种良性循环。

“好老师都是学生培养出来的！你们与众不同的语文课是你们自己赢的！”学生是带着信赖、期待和自豪做这件事的。

即便如此，互相包庇的情况还是时有发生，这就需要教师不定期地亲自抽查。故意出错，以帮同座挣书签的害处也须给学生讲清楚。

中午没有作业。每天上午，教师都要早早到堂，等着学生来交互查报告。每一节课，当预备铃声响起的时候，教师已经站在讲台等候学生了——日复一日，课堂氛围自然不同。

教学如作战，需要教师状态饱满，准备充分。每节课前，教师都要认真规划好一课的任务。当学生松懈时，就拿起记事本威胁他们："我们的任务完不成了，拖堂或者放学加课是你们自己造成的！"当然，加课的事情从未发生，拖堂也极少。

朗读《买椟还珠》，5分钟。

朗读《创新篇》《自省篇》各5分钟。

播放程滨吟诵的《自省篇》之"吾日三省吾身"，学生听吟学吟，5分钟。

教师朗读、讲述《万物简史》之《威力巨大的原子》，20分钟。

周一上午有诵读课，以上便是今天下午做好的计划。

为了确保计划可行，教师对着挂钟来回朗读小古文和名言名句。

当然，这是大致计划，而且，我们会变化朗读的方式，不可能一遍又一遍地全体呆读。

3月10日 / 星期三 晴

“哦，《万物简史》！”

或者有雨没有太阳，

或者有太阳没有雨。

…………

十分遗憾，一个人不能同时

在两个地方！

“你们有话要跟作者说吗？”早自习，读完《或者这样，或者那样》，教师问。

“夏天就有太阳雨。”“昨天还下了太阳雪呢！”“一个人确实不能同时在两个地方。”

“呵呵，对于梅雷莱丝来说，太阳雨、太阳雪确乎不可想象。同理，我们也无法想象一个人能同时在两个地方。物质从一个轨道进入另一个轨道，却不经过中间任何空间——这可能吗？”教师一边画图一边问。

“不可能！”

“在原子的世界，电子可以从一个轨道跳到另一个轨道，而又不经过中间的任何空间；也就是说，物质突然从无到有，又突然从有到无！”

“哦，《万物简史》！”下面起了一片咏叹，跟教师的腔调一模一样。

这些日子，在电话里，在办公室，在路上，看云随时揪住每双愿意垂听的耳朵，激情四射、滔滔不绝：“哦，《万物简史》……”

欢迎，欢迎。恭喜，恭喜。我很高兴，你居然成功了。我知道，来到这个世界很不容易。事实上，我认为比你知道的还要难一些。

首先，你现在来到这个世界，几万亿个游离的原子不得不以某种方式聚集在一起，以复杂而又奇特的方式创造了你。这种安排非常专门，非常特别，过去从未有过，存在仅此一回。在此后的许多年里，（我们希望）这些粒子将任劳任怨地进行几十亿次的巧妙合作，把你保持完好，让你经历极其惬意而又通常未被充分赏识的状态，那就是生存。

周一，且读且画且讲，教师以“量子跃迁”的方式，从序言说到《威力巨大的原子》。虽说讲述比朗读便捷、过瘾，然而每次讲述之前教师都要擎起书，让学生瞻仰、向往一番。

也就是说，从周一起，每堂课都把《万物简史》带进教室。学生知道，只要表现好，学习任务完成快——老师就会掏出《万物简史》，讲述《万物简史》。

《烟台的海》齐读毕。“世界上最雄伟、最大的山脉在哪里？”“青藏高原，喜马拉雅山！”教师庄重地摇摇头，然后，对着《世界地图》，说起“大陆漂移”“陆桥”“板块结构”“海底扩展”…… 这是昨天下午的事情。

上午第二节，诵读、日记汇报结束——“《砰！》”——教师用超大的力量写下超大的板书。“天地大碰撞！”“彗星撞地球！”一阵兴奋的骚动中，讲述开始了。

“所有越过地球且可能与地球相撞的、大于 10 米的小行星有多少呢？呵呵，这真是一个振奋人心的数字——好几亿！”

“啊！”

“撞击的破坏力能有多大呢？一间房子大小的小行星，就能摧毁一座城市。”

“啊！”

“别难过！碰撞产生的超高温往往令行星或陨石本身瞬间蒸发，所以，当一颗以宇宙速度飞行的彗星或者小行星进入大气层的时候，受到压缩的空气会马上变热，底下的温度可能高达6万摄氏度，或10倍于太阳的表面温度。也就是说：在抵达大气层的一秒钟内，陨星所经之处的一切——人、房子、工厂、汽车，都会像胶膜那样在烈火中融化、消失。所有的动物，当然包括人，来不及感到痛苦就瞬间蒸发了。组成你的几万亿个超级微小、超级长寿、超级没心没肺的原子们，将从你的生存里解散，重新组成一粒微尘、一片叶子、一条蚯蚓或者一位王子、一位公主。啊！这真是一个好消息！而且够浪漫！”

“哦……”

“你一定想知道这种碰撞多长时间发生一次，对不对？平均100万年发生一次。这又是个好消息！然而坏消息是——这个好消息是绝对靠不住的！因为，100万年的平均数并不能保证地球明天的平安。而且，我们根本不必凝视太空寻找令人震惊的危险。因为，地球本身就是一个危险的地方——这就是第十四章《地下的烈火》的内容。下了课，我立刻就读！”当然，此刻我正在写日志。一边敲击键盘，一边回味孩子们旋悲旋喜的表情，好不得意。

接着说第二节诵读课上的事。下课的铃声响起，孩子们似乎没有听见，他们依然沉浸在懵懂、震惊和莫名的兴奋中。

“关于《万物简史》，老师还有几句话，愿意拖堂听吗？”

“愿意！”

“老师读过很多宗教书，但至今还没有皈依一门宗教。去年夏天，一位信奉佛教的朋友向我推荐《万物简史》：‘看云，读了《万物简史》，也许你会了解到佛陀的慈悲。’今年春节，一位信奉基督教的朋友又向我推荐《万物简史》：‘看云老师，也许《万物简史》能帮助你窥见神的真实与伟大。’书还没有看完，我不知道读完之后，自己是否会获得一种宗教倾向，但是有一点是可以确定的，那就是：这本书必将让我更加爱生命，爱地球——爱你们！下课！”

“哦，《万物简史》！”

3月12日 / 星期五 晴

又是春天

一

植树节的下午，去本市一所小学，给一、二年级家长开讲座。

“老师，我发现我的孩子严重缺乏定力，注意力不集中，连漫画都看不进去，我该怎么办？”互动时，一位母亲焦虑地问。

“不要急，慢慢来。对于这样的孩子，诵读童谣童诗也许是个不错的方法。”

“没有用的！诵读我们早就做了。两三岁，我就开始让他诵读《大学》《中庸》《论语》《孟子》了。”

“哦，怪不得！您的孩子，被您的魔咒给整得心智混乱了。为什么说是念咒？背诵完全不懂、完全没有体验的东西，这不是念咒是什么？六岁以前，儿童的生活重心是家庭，儿童的社会意识尚在萌芽，这时候，你就让他念什么‘正心诚意格物致知’‘修身齐家治国平天下’——你用岩石压抑了孩子的天性，阻隔了孩子与生活的联系。这种孩子来到学校，自然与众不同！不是狂躁不安，就是少年老成。无论哪种情况，都是内部患病的表现。也许，躁动比老成好一些，因为压抑总是要释放的，而释放总是越早越好的。所以，对于您的孩子来说，重要的不是功课，而是恢复童心。当然，阅读童书也是恢复童心的一个重要途径。冰冻三尺非一日之寒，还是开头那句话：不要急，慢慢来。”

二

两三岁就诵经！今天遇到的案例可算极端。

“暂时不懂不要紧，先背下去再说。以后就懂，就有大用了。”这句话的潜台词就是：童年只是“成人”的预备期，童年本身没有价值。

不管是否意识到，没有一个正常的人会因为自身被否定而兴高采烈！压抑的能量终将爆发，或乖戾，或自苦，或深沉，或枯寂，总的来说就是孩子不像孩子。而孩子不像孩子的结果，自然是大人不像大人。世界于是颠倒混乱。这种情况，鲁迅早有论述。

我不相信熟背《三字经》《弟子规》的孩子一定德行好。相比枯燥的道德训诫，我更相信诗歌、故事、音乐、游戏对孩子的潜在影响力。因为真正善良的人，都是灵动温软、富有情趣的。儿童都喜欢听故事，有童心的成人都喜欢听故事，对儿童来说，最适宜的当然是故事书。当然，故事还须是温暖的、人性的。“二十四孝”是绝对的儿童不宜。

形象思维是儿童的认知特点，唯有先行满足了孩子对于感性认知的需求，才能期待他们的抽象思维能力得到充分发展。生命是分阶段的，下一阶段的充分发展必以上一阶段的充分发展为前提。

阅读之外，孩子更需要的是拥抱世界、拥抱生活。

学生当然需要诵读中国经典。对小孩子来说，第一需要的是唐诗，因为它形象，充满生机啊；其次是写景状物的小古文，因为它形象，活泼清新啊！到了小学高年级，《论语》《孟子》也可以有选择地读一点。记住，是一点！

而且一定要是生动活泼的，为的是让孩子们认识到孔子的亲切、孟子的愤激。

又是春天，想念商友敬老师，想念老人家拍案而起的咆哮。己所不欲，勿施于人啊。如今倡导儿童读经的人们，几个有过童年读经的体验？鲁迅有过，胡适有过，所以他们反戈一击了；商老师有过，所以老人家愤怒了。

三

“国学”实在是个值得警惕的词，它能不费吹灰之力地激起国人的集体无意识。从“二十四孝”到《弟子规》，无论多么朽腐、多么灭杀个性和创造力的东西，一旦冠以“传统”“国粹”的头衔，就让人不假思索地热血沸腾、五体投地。倒霉的，是孩子。

这张帖子其实没有写完。我写得很痛苦。要说的话还很多。想到鲁迅先生说的“无物之阵”，我在春天感到了不寒而栗。于是贴上土耳其诗人塔朗吉的《火车》，作为对自己的抚慰和鼓励——

去什么地方呢？这么晚了，
美丽的火车，孤独的火车？
凄苦是你汽笛的声音，
令人记起了许多事情。

为什么我不该挥舞手巾呢？
乘客多少都跟我有亲。
去吧，但愿你一路平安，
桥都坚固，隧道都光明。

3月17日 / 星期三 ☀ 晴

吟诵其实很简单

一、吟诵其实很简单

吟诵其实很简单！吟诵不过就是：按照平长仄短的规律先把诗词读对了，然后呢，依字行腔，给字音加上调子，把你对诗词的理解变成调子——就行啦！

日记中，学生自信满满地说。

上午，教导处送来全套16张的“毕业班综合评估试卷”，原本金贵的课时越发紧张了。

越是紧张，越要把“世界带进教室”——否则，课程学习也将变得枯燥和低效。

咬牙切齿地赶课。易困易倦、分秒必争的春天，有什么方式比学习吟诵更宜于润泽气氛、调剂状态呢？两个五分钟时间，随时即兴进行，效果总是那么好！

第9课《如梦令·常记溪亭日暮》，一样的平长仄短，一样的依字行腔，一样的抬起手臂比画平仄，一样的随着音韵摇晃身体——可是，一个人有一个人的调子，一个人有一个人的姿势。

站起吟的高度投入，那样子既紧张又陶醉；坐着听的全神贯注，感觉既可乐又钦佩。忍俊不禁的笑声和由衷赞赏的掌声往往联袂而起。

吟诵固然充满乐趣，吟诵也是一种深入的学习、诗意的交流。一箭三雕啊，真是太划得来了！

二、绝句，可真绝啊

平长仄短是要反复练习的。练习平长仄短的同时，顺便也就讲了点诗词格律。“一三五不论，二四六分明。”“入声字都要读得短而急促”——日记本上，他们绝非鹦鹉学舌地记录下教师的话，依葫芦画瓢地复制着黑板上的平仄示意图，《春晓》《夏日绝句》《四时田园杂兴》……然后由衷赞叹：“原来《悯农》是古风，不是绝句。绝句，可真绝啊！”

三、张开双翼啊，轻轻飞翔啊

“谁要在这个时候不动，端坐在那里冒充菩萨，谁放学后就去我的办公室补课！”

人不光是用大脑学习，学习的时候，身体器官参与得越多，学习的效果就越好——理解更深刻，记忆更持久。

“抬起手，伸出食指，跟我画！平声就画水平线，仄声你就点一竖，或有力或轻柔，看字而定。一开始，你的手势会很硬很机械，这是自然的——紧张嘛！你要用大脑瞬间判定平仄，你要用声音呈现平仄，你还要用手势演绎平仄。这一点都不比刚学跳舞容易！但也不要急，慢慢来，只要课上用心，课下多练，用不了多久，你的声音和手势都会变得自由、舒展，不仅如此，你整个身体会不由自主地律动起来。这叫熟能生巧！比如，‘西塞山前白鹭飞——’‘飞——！’我为什么发出这种声音，做出这种样子？因为这个‘飞’是平声字，因为这个平声字是‘飞’！张开双翼啊，轻轻飞翔啊！”教师展开双臂，在台上转起了圈儿。

－｜－－｜｜－

西塞山前白鹭飞——欸……欸……

教室成了一湖春水，霎时飞起一群白鹭。

“接着来！”

－－－｜｜－－

桃花流水鳜鱼肥——欸……欸……

有人扬起手臂，画出丰满的曲线。教师知道：那是对美味肥鱼的描摹和向往。

“第 9 课《渔歌子》，早背过的小词，可是今天，因为平长仄短、有声有势的要求，诵读也变得新鲜润泽了。呵呵，可惜你没看见——五花八门啊，那也是我们的舞蹈时刻！”办公室里，看云比比画画地演示给李君华看。

一瞬间，想起一年级学习拼音时的“舞蹈时刻”，忽有所悟：生活本身的精彩、浪漫和戏剧性，其实胜过一切艺术的创作。

《笨狼的故事》《火鞋与风鞋》，是这个班最早共读的两本书，寒假前布置学生愿意的话续写《笨狼的故事》。交来的短篇里颇多佳作。六年级了，其实，这是我们在用语文的方式回顾难忘的过去。

附：

老师下狠招了

胡婧怡

最近，节节语文课上都会听到老师和我们的吟诵声，所以，今天我又要写一篇关于吟诵的日记。

对于吟诵，男生表现得比女生积极得多，为此，老师不止一次说过，这个学期男生比女生出色，一定比女生厉害，女生却依然不举手。然而今天，老师下狠招了。为了对付我们这些女生，老师规定：所有人都必须会吟，老师随便提名，只要发声就行，不出声吟就要抄书。

当老师宣布这个规定时，我心里有一点害怕。因为自己唱歌不好听，所以吟诵也一样不积极。不过老师教的关于吟诵的知识（比如：吟诵要平长仄短）我都牢记。老师说，吟诵要放出声来，光听不吟依然是没用的，不能学“哑巴语文”。

老师今天教了两首新的词，第一首是李清照的《如梦令》，“常——记溪——亭——日暮，沉——醉不知——归路……”薛老师吟得越来越好听了！吟诵时要融入自己的感情，并且要手舞足蹈，不能死气沉沉地坐在那里。

才教了两遍，老师就让我们自己练习。我很认真地对照着黑板上的平仄声去吟诵，但手没比画起来。我还没吟好呢，薛老师已经叫“停”，开始抽查了。

老师要点同学的名字，点的一定是女生！“韩玉琤！”她毫不畏惧地站了起来，吟得还挺有味道的，女生都在为她鼓掌，她好厉害啊！老师可不是那么容易就罢休的。“方子妍！”吟得挺好听，但好像比韩玉琤的差点儿，不过挺勇敢的啊！

老师这次只喊了两个人就结束了，我总算可以放心了。老师又突然说：“你们可别高兴得太早，迟早会喊到你们的！！！”我的心刚从高空安全降落，又掉进了深渊！！！

3月18日 / 星期四 晴

“科学史阅读”很宝贵

《万物简史》

胡婧怡

《时间简史》之后，老师又向我们推荐了一本科普类的书——《万物简史》。

薛老师总是会把她认为好的事物推荐给我们。最近，薛老师痴迷上了《万物简史》这本书，所以我们每节课都能听到《万物简史》中的片段。老师有声有色的朗读也使我们爱上了这本书。

老师给我们说的第一章就是原子。原子是一种非常小的东西，50 万个原子排成一排还遮不住一个人的头发，把一毫米分成宽度相等的 1 000 段，每一段的宽度是一微米，一微米再分成 10 000 个更小的东西，那就是原子的大小。

老师还和我们说过彗星撞地球。彗星撞地球对于我们来说，虽然恐怖，但也不是那么糟糕。如果某一天真的彗星撞地球了，那天也会是我们的结束。我们听老师说得有声有色，可自己却一点儿也高兴不起来。不过，紧接着老师又告诉了我们一个好消息——在彗星撞地球的一秒钟内，人就会死亡，并且蒸发，所有所有的一切都发生在一秒钟内，所以人不会太痛苦，这也是蛮幸福的！

当我们还沉浸在这种幻想中时，老师再次说，这个彗星撞地球平均……（我记不太清楚了，反正是很长很长时间）发生一次，我们都放心地“吁”了一声。老师语气一转：“不过平均没有用，说不定今年发生一次，明年又会发生一次，这可是很难说的。”我们的心又被提了起来。

我对这本《万物简史》有莫大的兴趣，因为它讲述科学时很幽默，让我有兴趣继续读下去。

我让妈妈给我买，妈妈二话没说就答应了。“但是……”妈妈好像又突然想起了什么，“你的《时间简史》……”我脸一红，啊，真羞！

3月22日 / 星期一 沙尘暴

惊 喜

一

上周五，教师对方子裕、方子妍说："你俩不是自称最爱徐教授吟诵的《如梦令》吗？下周一早晨，你俩就吟李清照的'知否，知否？应是绿肥红瘦'！开学以来，一直是男生勇敢女生怯，你们可要珍惜这个为女生争光的机会！"

双胞胎面面相觑，含笑点头，一副踌躇满志的样子。

我觉得琴歌《古诗十九首》最好听，虽然长，但真的很美，我一定要学好它。姐姐（方子裕）觉得《如梦令》好听，她还吹自己最最爱李清照的词，她要学《如梦令》，我们就看她是不是只说不做。

如果让我单独唱歌，我不怕，可单独吟诵，我会怕死了！薛老师敢一个人吟诵，可我不是薛老师。如果吟诵会让我们几个人一组上台，那我们胆小的同学，可会十分感谢老师的。

2009 年 10 月 31 日的日记里，妹妹方子妍如是说。

临离开教室，想起“三位一体”的另一个。“郭乐，你也加入吧。你们三个形影不离，老师不该让你落单的。”

放学了，三个孩子来问：“老师，我们该怎么搭配？是只吟诵《如梦令》，还是也吟诵其他诗词？”

“你们自己看着办吧。反正时间和舞台都交给你们了，怎么精彩怎么来！”

二

今天上午，三个孩子登台了。比比画画地吟诵起来：

昨夜雨疏风骤——风骤……

浓睡不消残酒——残酒……

姊妹二重唱之后的副歌真好听！郭乐的声音低回、轻柔、充满感情，仿佛辗转反侧的悠悠轻叹。这就是创造啊！师生都有些听呆了。

接着，她们踏歌似的送出基调欢快的吟唱：

东边路西边路南边路

五里铺七里铺十里铺

行一步盼一步懒一步

霎时间天也暮日也暮云也暮

这一回，所有人都彻底呆住了。因为大家听出这是上学期的《[正宫]塞鸿秋·山行警》。但是，吟诵的调子却绝对是她们自编自创的。

有独唱，有合唱，有动作，蹦蹦跶跶——孩子到底是孩子，原本一步三回头的缠绵伤感，被她们演绎得活泼清新。

斜阳满地铺啊

回首生烟雾

兀的不山无数水无数情无数

兀的不山无数水无数情无数

掌声响起。

“不够热烈！不够持久！”

掌声如潮。

放学即为她们录音。

“这可是宝贵的资料啊。知否，知否，老师忙到现在，还只能学唱别人的调子，还没有一曲属于自己的像你们这样好听、像你们这样旋律成型的吟诵调呢！”

三

“下周一的吟诵时间交给男生了！你们谁来？”

呼地站起四个人：邢虎威、李智炫、李旭冉、金佳岷，一个个斗志昂扬。“你们单独吟诵还是合作表演？”“我们合作！”“好！那我们就拭目以待了！”

呵呵，惊喜的感觉真好，有期待的感觉真好。自己不会却能“教会”学生的感觉真好！

事实已经证明并将继续证明：投缘者之间的亲密合作，

永远比单打独斗更出活儿。对孩子来说，合作的体验又比事功本身更珍贵。

黄蒙蒙的沙尘天气，边走边说的路上，嘴里满是尘沙的味道。心境不二呵，如此恶劣的天气里，谁能兴高采烈？然而，今儿一天我都很高兴。因为我知道：种子已经发芽，一切刚刚开始。

“秘密像什么？”

“秘密像种子！种子就是大自然的秘密。”

“邪恶的秘密与美好的秘密有什么不同？”

“邪恶的秘密是心灵毒瘤，美好的秘密却能让人的心灵开出花朵，让人的样子变得漂亮。”

“艾尔韦斯的秘密给我们什么启示？”

“我们应该悄悄地做好事，就像艾尔韦斯悄悄地种花。这样，我们就会拥有很多美好的秘密，我们的生命就会开出花来。”

诵读之前，我们交流《艾尔韦斯和他的秘密》的朗读心得。吟诵是花种，童心是沃野。种子发芽之前，一切对教师也是秘密啊！

附：

《山行警》吟诵调的诞生

方子裕

下个星期一，我、郭乐、方子妍将上台为大家吟诵几首诗词，经过商量，我们决定吟《如梦令》，一首还不尽兴，可吟诵盘里的诗词我们都不太满意，没有激情、不够欢快。无奈，就编吧。

下午，我们来到郭乐家，打开《日有所诵》，翻来翻去，都对《岳阳楼记》产生了希望。我首先开口："《岳阳楼记》行，我吟第一段！"郭乐赞成，方子妍却说："剩下两段难背，我不想吟。"我们又接着寻找。我失去了耐心，在一旁弄花玩草的郭乐突然说："我们吟《山行警》吧。"我一听，很赞成，方子妍也同意了，开始寻找调子。

我想了许多儿童歌曲，《剪羊毛》这首澳大利亚民歌，旋律很好听，可不太适合这首词。我在床边绞尽脑汁，想了又想，干脆先放松放松。我哼起《凤阳花鼓》，这首歌是妈妈手机里的，很欢快。我哼着哼着，正忘我呢，突然我发现这首歌的旋律不正好十分适合《山行警》吗？我吟了一遍，还挺好的。不过，有些地方需要改动。

我高兴地告诉她们："《凤阳花鼓》这首民歌的旋律挺好，我觉得可以。"她们立刻试了一遍，也觉得挺好。我分了一下词句，我开头，方子妍收尾，几乎每一句都刚好是三个人各一份，多的齐唱。

旋律要改，要更加欢快，最后，除了"斜阳满地铺，回首生烟雾"只改动了一点儿外，其他全改了，毕竟七八个字的旋律唱三个字有点儿别扭，现在开始吟了。

我们一句接一句。方子妍自作主张，把结尾最后一个字拖得很长很长；我越唱越高。偶尔我们还会抢词。郭乐的"雾"字有点儿低，经过提醒，终于唱高了。

从头再来一遍，麻烦事又出来了——每次唱到"知否"时，应该换位，我时常陶醉其中，等唱到"应是绿肥红瘦"才发现自己又忘了。我们换位的样子也挺难看的，郭乐说就像螃蟹横着爬。

我们满怀深情地吟了一遍，加了几个动作，又抓紧时间练习了几遍，互相纠正对方不正确的地方。

几个小时过去了，天色已黑，我们回家了。真希望有新的好点子从脑里再次跳出来！

三人同心，齐力吟诵！必胜！

3月29日 / 星期一 阴

文字无力

掌声中，四个虎头虎脑的男孩一排儿站在台上。

“同——”“学——”“们——”“好！”金佳岷、李旭冉、邢虎威一人一个字，一字一鞠躬；李智炫紧接其后，大声呼喊，使劲鼓掌。气氛一下热烈起来了！全班人热烈鼓掌。

翘首以待中，台上人略停了停。“薛——”“老——”“师——”“好！”霎时间，教室里掌声雷动。站在后面的教师，眼眶有些润湿了。

东村里啊鸡生凤，南庄上马变牛。

六月里裹皮袄。

瓦垄上宜栽树，阳沟里好驾舟。

瓮来大肉馒头，俺家茄子大如斗啊——

俺家茄子大如斗！

诙谐，欢快，清新，健康；主旋律活泼跳跃，好听又好记。第二遍，就有同学跟着哼唱了。孩子的歌声，看云无力用文字表达。争取明天将录音发到网上。

明天是校园开放日。星期二，我有四节课：六（2）班两节语文一节思品，六（1）班一节思品。我们将向家长展示吟诵收获，顺便也教教家长和同行一些吟诵常识。

上完思品课，我让两个孩子拿着自己的书，朗读讲述《万物简史》，内容自定。教师呢，将为他们讲述“最伟大的公式”：牛顿的万有引力计算公式和爱因斯坦的质能转化公式。

到今天为止，或简装，或精装，已有20人买了《万物简史》。看云贪心不足，想要扩大战果。

3月31日 / 星期三 阴

男生和吟诵

《嘲谎人》的吟唱音频刚刚发到网上。

上午读书课上，三个男生上台朗读日记。说是朗读，其实一个比一个放松，一个比一个开怀地连读带唱、连唱带舞。手势对于他们，已是非如此不可的必需。

在小学，尤其是高年级，男生的书面表达能力、口语表达能力普遍弱于女生。然而，这世上没有任何努力是徒劳的，他们今天的阅读、感受和吸收，是为将来的发展积蓄能量。

如今，因为吟诵，这个班的男生，正在变得乐于表演、乐于发言。也许是“自编自创”带来的挑战，激发了男生的兴趣和斗志吧。而这，又必定给女生带来很大的刺激！呵呵！

以文说吟是困难的。下面是三位男生的日记，请注意用颜色标出的“唱词”，请想象现场的气氛。

一、我只记得一句

今天是校园开放日，上午家长听的第一节是薛老师的语文课。薛老师先问我们吟诵是什么。一位同学说：吟诵就是给诗词加上自己的调子，做到平长仄短就行了。薛老师说对！我们读了两遍《春晓》。

接下来薛老师让我们听郭乐、方子妍、方子裕录在录音笔里的吟诵，老师提醒我们：“注意她们的调子，看看是不是平长仄短、依字行腔。”听过之后，老师让她们上台表演。

听了两遍之后，我就只记住了一句，这一句就是：“兀的不山无数水无数情无数！兀的不山无数水无数情无数！”然后薛老师就给我们讲综合练习了。

下午第一节语文课，先读《夏日绝句》。薛老师给我们听他儿子录在录音笔里的《钗头凤》，然后又让四个男生上台表演了他们自创的吟诵。听过以后，我还是只会一句。我想，为什么我每次都只记得一句呢？真是奇怪！

这一句就是：“俺家茄子大如斗啊——俺家茄子大如斗！”（魏鹏）

二、《嘲谎人》的调子是怎么来的？

东村里啊鸡生凤，南庄上马变牛。
六月里裹皮裘。
瓦垄上宜栽树，阳沟里好驾舟。
瓮来大肉馒头，俺家茄子大如斗啊——
俺家茄子大如斗！

今天我来说说《嘲谎人》的调子是怎么来的。那天，我们四个人正在商量用什么调子吟好，邢虎威自作主张地对我们说：“可以用‘大河向东流’的调子来唱。”李旭冉说这样不好，我们应该用《三毛流浪记》的调子来吟。说着，李旭冉就用《三毛流浪记》的变调给我们吟诵了一遍。这个调子，真可谓“前无古人，后无来者，念天地之悠悠，独自创而开心”！

就这样，一首新的吟诵调就这么诞生了！下个星期一，老师一定会把我们的声音录到录音笔里去的。一开始，我们三个总是跑调，李旭冉就一个一个地教，让我们一个一个地过关。终于，我们全都过关了，现在我们都会吟了，而且非常熟练。

我们又一连练了好几遍。邢虎威说，我们唱的时候，最好能跳起来，这样就更好看了。现在，我们吟的时候，手都有一点动了。

真期待我们在台上有很好的表现！（金佳岷）

三、别嘲谎人了

我们在选调子的时候有了分歧，我说用“大河向东流”的调子，但是具体吟诵出来并不好听，而李旭冉不知道从哪里弄出一个调子，就是我们现在的调子，听起来很不错。

我们不停地问李旭冉，这么好听的调子从哪里来的？只听他说：“我也不知道。”

我们三人（除了李旭冉）思索了一会儿，金佳岷首先叫起来：“是《三毛》的调子！”我们再哼了一下。

“啊，三毛！啊，三毛！”啊，真像！

随后我们发现更像“大河向东流哇，天上的星星参北斗哇！”到头来，我们得出结论：这是两个调子的结合。

现在我写日记的时候，突然发现，我们的调子很像广播里天天播放的“咱们工人有力量，嘿！咱们工人有力量！”呀！呀！呀！

唉——别嘲讽人了，就嘲我们这些连自己的调子都不知道从哪里来的吟诵人吧！（邢虎威）

4月 April

百顷风潭，十里荷香

4月2日 / 星期五 晴

合作——心理学家如是说

一

第 14 课《学会合作》，两个小故事一通大道理，相当平庸。若在以往，读一读，“完成任务”也就过去了。

这一回，教师却颇有热情，一课上完了，还扣住“合作”念念不忘地一说再说，效果于是也就不一样了。

在人生的道路上，既要志存高远，又要脚踏实地，抓住眼前机遇，做好手边的事情，这样才能实现理想，赢得最大的麦穗。比如我想当一名优秀的足球运动员，从现在开始，就要锻炼身体，学习知识，培养自己的合作能力。

学完第16课《最大的麦穗》，学生写下诸如此类的感言。

哪怕只是口头禅呢，自此以后，学生如能将“合作”二字常常挂在嘴边，写到笔下，也算看云没有枉费心力了。

促使教师改变态度的，是阿德勒的《自卑与超越》。语文课上，教师将这个人和这本书的名字写到了黑板上。

“合作是如此的重要！我们可以根据一个人合作能力的高低，确定他心理健康的程度。阿德勒说：‘迄今为止，检视人合作能力的高低仍是我们拥有的了解心理差异的最好方法。’

“随着生活节奏的加快和社会竞争的日趋激烈，越来越多的人将不同程度地患上精神疾病。为什么老师常说，只会考试的人，哪怕门门100分也不会幸福呢？听听心理学家怎么说。‘合作是我们拥有的防止神经病倾向发展的一种重要保障。因此，儿童应当被鼓励及被训练以合作精神，在日常工作及正常游戏中，他们也应当被允许在同龄儿童之间，找出自己的行为方式。任何妨碍合作的现象都会导致严重的后果。只学会对自己有兴趣的被宠坏的孩子，很可能把对别人缺乏兴趣的态度带到学校。他对功课有兴趣，只是因为他认为这样做能换来老师的宠爱；当他接近成年时，缺乏社会感觉对他的不利会变得愈来愈明显。当他的毛病再次发生时，他已经不再为责任感和独立性而训练自己，而他本身的特性也已经不足以应付任何生活的考验了。’

“人人都希望自己有好的相貌。‘相由心生’可不是迷信哦，阿德勒认为，一个人的生活态度和情绪倾向会不停地对他的身体发展产生影响；勇敢的人会把他的勇敢表现于他的体格中。他的身体会长得与众不同。他的肌肉较为强壮，他的体态也较为优美。风度对身体的发展可能有相当大的影响；风度，可能是体态健美的部分原因。勇敢者的脸部表情也和普通人不一样，结果他的整个外形都会异于常人，甚至他骨骼的构造也会受到影响。

“‘小合作有小成就，大合作有大成就，不合作就很难有什么成就。’课文《学会合作》集中论述了合作与成功的关系，其实，合作的意义远大于此！听听阿德勒怎么说：‘儿童时期的错误和成年后的失败是一脉相承的。没有学会合作之道的儿童，以后容易变成神经病患者、酗酒者、罪犯或者自杀者。他们其实都是同一类人，他们每一个人都缺乏社会兴趣，对同胞漠不关心。’”

一直以来，教师喜欢跟学生聊自己正在读的书，这是交流，而交流就是合作——意在促进师生的共同成长。当然，教师说给学生的不可能是阿德勒的原话。“大意如此”也就够了。教师相信：对于学生来说，心理学家的警告，一定比道德说教更有震撼力。

二

为了建立班级书库，学期之初，各位班主任照例号召家长集资购书，各班总有个别“特别会过日子”的家长不肯出钱。“我们家书多得是，足够看了，用不着从班上借书！”教师难免不悦：班级自然不缺一两份钱，但直觉告诉教师，父母这样说这样做对孩子非常不好。

广西、云南遭受特大旱灾，学校动员学生捐款，几个家境颇富的孩子，只捐了五角钱。“虽说是自愿，可是该批评的我还是要批评！一瓶水都买不来啊！为富不仁啊！这样的孩子我还教他有什么劲？”一位班主任愤愤地说。看云以为愤得有理，于是朗读了如下两段：

> 父母是很难掌握住的，最需要训练的父母都是最不愿意和我们见面的父母，我们无法接近他们，因此必须另觅他途。我们可以利用教师作为推进社会进步的动力。我们可以训练教师来纠正儿童们在家庭中形成的错误，并发展他们的社会兴趣直至扩大到别人身上。由于家庭不能教导孩子应付日后生活的所有问题，人类才设立了学校作为家庭的延伸。我们为什么不利用学校来培养人与人的合作之道呢？
>
> 总之，假如个人不合作，对别人不感兴趣，而且也不想对团体有所贡献，他们的整个生活必然是一片荒芜，他们身后也留不下一丝踪迹。只有讲究奉献的人，他们的精神成就才会保留下来，他们的精神才会持续下去，他们的精神万古长存。如果我们以此作为基础

教育儿童，他们自然会喜欢合作，他们有足够的力量来面对最艰难的问题，并以符合众人利益的方式来解决它们。

“这本书太好了！正适合我们开家长会！”同事如获至宝。

三

星期二，校园开放日的公开课上，教师给张芫玲发奖。

“这是为什么？”教师问大家。

“邢虎威、项文静报名朗读《万物简史》，但他俩的书都没有到，张芫玲两次喊着：‘我借给你！’”

“是啊，这让我们都受到了感动！张芫玲同学性格内向，胆子也小，可这一点儿也不妨碍她的奉献与合作！能力不重要，要紧的是要有一颗热切的心。一颗热切的心，在温暖别人的同时，也在自己和世界之间建立起温暖而密切的联系，这样的人更容易活得健康、自信、有力量。”

在现行的教育制度下，我们通常都会发现孩子开始上学时，他们对竞争的准备便远较对合作的准备充分。在学校生活中，对竞争的训练又一直持续未断。对孩子而言，这是一种不幸。假如他击败了别的孩子遥遥领先，他的不幸并不见得少于屈居人后的万念俱灰者。在这两种情况下，他都会变得只对自己感兴趣。

班级的活动也是团体的合作运动，由于其目标亦在促进人类的进步，所以在班上应该避免造成偏见。因此，所有的运动都只应以它们能否增加我们对同类的兴趣来判断其价值。我们认为有助于增进合作的方法是非常多的。这些方法或许有高下之分，但是，只要能够增进合作，我们就不必因为某种方法不是最好的而攻击它。

这两段话值得教师牢牢记取。看云向来不热衷于集体活动，所以后一段尤其需要看云铭记在心。

当然，我们也要警惕活动过频、组织过度对个人空间和个人权利造成的侵犯和剥夺。毕竟，合作的最终目的在于促进具体个人的健康发展。合作、独立同样重要。

结伴吟诵是合作，登台朗读是合作，积极发言是合作——热情借书给同学也是合作。合作还可以是穿越时空的，《学会合作》一课的教学，其实就是教师与教材编者、阿德勒之间的合作。

一周以来，看云喋喋不休的全是“合作”。

“阿德勒的《儿童的人格形成及其培养》也很好。可是，为什么我偏偏对这本书如此着迷？”看云问。

“原因很简单，因为这本书说中你了！你！就是一个缺乏合作精神的人！”李君华脱口而出。

说得好！该洗心革面了。

4月3日 / 星期六 晴

《最大的麦穗》，拙劣的杜撰

课文说的是苏格拉底的故事。当然是假托、杜撰出来的。假托、杜撰没有错。因为一个道理，必由哲人说出，人们才愿意相信、记取。古今中外，无不如此。

> "你们去麦地里摘一个最大的麦穗，只许进不许退，我在麦地的尽头等你们。"
>
> 地里到处都是大麦穗，哪一个才是最大的呢？弟子们埋头向前走。看看这一株，摇了摇头；看看那一株，又摇了摇头。他们总认为最大的那一穗还在前面呢。虽然，弟子们也试着摘了几穗，但并不满意，便随手扔掉了。他们总以为机会还很多，完全没有必要过早地定夺。

结果，不知不觉间弟子们两手空空，走到麦田尽头。

于是有了老师的教诲、弟子的醒悟，于是得出如下结论：

人的一生仿佛也在麦地中行走，也在寻找那最大的一穗。有的人见到了颗粒饱满的“麦穗”，就不失时机地摘下它；有的人则东张西望，一再地错失良机。当然，追求应该是最大的，但把眼前的一穗拿在手中，这才是实实在在的。

“苏格拉底的题目难不难？”

“不难。”

“如果是你，怎么办？”

“一下到麦田里就摘一个大麦穗，然后一边走一边挑，看见更大的就换掉手里的。手中始终都拿着一个麦穗。这样不停地挑，不断地换。到最后，我一定能摘到最大的麦穗。就算挑花眼，错过了最大的，我的麦穗离最大也不远了。”施俊瑞成竹在胸，侃侃而谈。大家频频点头。

“听说过这个故事的其他版本吗？”

“听说过。”

"说来听听。"

"摘一朵最美的花。""拣一颗最大的宝石。"

"条件呢？"

"只许进不许退。而且，只能摘一次、拣一次。"

"只许进不许退，而且只能摘一次。现在，你们有办法摘到最大的麦穗吗？"

"没有办法。""除非碰巧了。""但我能摘到比较大的。"

"现在你怎么办？"

学生们挠头了。

对于六年级的学生，这样的问才有分量、有意思，而且，也只有经由了这样的挠头——追求应该是最大的，但把眼前的一穗拿在手中，这才是实实在在的——结论才有说服力。

课堂上，教师没有点破故事漏洞。但是，《最大的麦穗》绝对不能让我的学生对苏格拉底起佩服的心。因为，题目太易，学生太笨——还不如云门弟子呢。

最好玩的是插图：苏格拉底穿的是古希腊宽衣大袍，学生却是燕尾服。那名含羞的女弟子呢——头戴简·爱帽——整个儿一个简·爱。

穿越时空啊。呵呵！

4月9日 / 星期五 阴

要背的段落

一

季羡林是教师深深敬仰的。老先生的《夹竹桃》写得极好。

课文共六段，自读之后，径直从第三段开讲。“课题叫作《夹竹桃》，这一段从迎春到秋菊，总共写了多少种花？”

“哦……迎春、桃花、杏花、海棠、榆叶梅、丁香、凤仙花、石竹花、鸡冠花、五色梅、江西腊、夜来香、玉簪花、菊花——14种！”

“春天花团锦簇，夏天美不胜收，夜来香的香气熏透了整个夏夜的庭院，是老人家什么时候也不会忘记的啊！

玉簪花带来凄清的寒意，菊花在秋风中怒放。浓墨重彩、饱含深情。第三段，从春到秋 14 种——只字不提夹竹桃，却如数家珍般地写了那么多其他的花，这是为什么？”

“为了显示夹竹桃的韧性！”

> 然而，在一墙之隔的大门内，夹竹桃却在那里悄悄地一声不响，一朵花败了，又开出一朵，一嘟噜花黄了，又长出一嘟噜。| 在和煦的春风里，在盛夏的暴雨里，在深秋的清冷里，看不出有什么特别茂盛的时候，也看不出有什么特别衰败的时候，无日不迎风吐艳。| 从春天一直到秋天，从迎春花一直到玉簪花和菊花，无不奉陪。这一点韧性，同院子里那些花比起来，不是显得非常可贵吗？

这是第四段。朗读，分层；分层读，仔细品。第一层，想象“一朵花败了，又开出一朵，一嘟噜花黄了，又长出一嘟噜”的情景；第二层，抓住“在……在……在……看不出……也看不出……”的句式；第三层，回顾第三段，历数“从迎春花一直到玉簪花和菊花”的 14 种花，玩味“无不奉陪”，照应“一声不响”，从而体会夹竹桃马拉松选手般的韧性。

二

色、香、味、旺盛的生命力，写植物大抵不出这些内容，令《夹竹桃》卓尔不群的，是第五段：

> 但是夹竹桃的妙处还不止于此。我特别喜欢月光下的夹竹桃。你站在它下面，花朵是一团模糊；但是香气却毫不含糊，浓浓烈烈地从花枝上袭了下来。| 它把影子投到墙上，叶影参差，花影迷离，可以引起我许多幻想。（A）我幻想它是地图，它居然就是地图了。这一堆影子是亚洲，那一堆影子是非洲，中间空白的地方是大海。碰巧有几只小虫子爬过，这就是远渡重洋的海轮。（B）我幻想它是水中的荇藻，我眼前就真的展现出一个小池塘。夜蛾飞过，映在墙上的影子就是游鱼。（C）我幻想它是一幅墨竹，我就真看到一幅画。微风乍起，叶影吹动，这一幅画竟变成活画了。

分层再分层，品味再品味，朗读再朗读。

“还记得苏轼的《记承天寺夜游》吗？怀民亦未寝，

相与步于中庭。庭下如积水空明，水中藻荇交横，盖竹柏影也。”

“何夜无月？何处无竹柏？但少闲人如吾两人者耳！”学生接着背。

“哦，苏轼你何必叹息！闲人，也就是拥有细腻纯净的诗心的人，真的不是只有你和张怀民啊！千年以后，至少还有谁？”

“季羡林！”

“千年以后，除了季老先生，至少还有谁？”

“还有我们！”

“呵呵，明媚日光下的绚烂固然好啊，灯火辉煌处的夜景固然好！可是，如果你的日子里没有过仰望星空的体验、凝视树影的陶醉，你这一生，就大大错过了！袭人的花香啊，迷离的花影；让我们沉醉，让我们幻想！”

又读。如此这般地朗读、陶醉过了——教师才理直气壮地布置他们“背诵四、五两段”。

三

这是我的老生常谈：教学如作战，最忌按部就班、平均用力。好钢用在刀刃上，要集中优势兵力打歼灭战。

教学陈荒煤的《广玉兰》亦复如是——这一篇也很好。

全文共六段，我们重点学习精华部分——二、三两段。按组分角色朗读是学生喜欢的——倾听就是用耳朵阅读。不分青红皂白地全文或整段通读沉闷而机械。很多时候，通读不如听读、轮读效果好。

“假如你是老师，请为我们分配角色。”学生当然乐意当老师！自导自演的分角色朗读当然格外有感觉！

> （合）五、六月份是广玉兰花盛开的季节。在绿油油的叶丛中，花朵是那样的洁净、高雅。（A）我无法用文字准确形容那花瓣的色彩，说它纯白吧，又似乎有一种淡淡的青绿色渗透出来；（B）我也无法用文字准确形容那花瓣的质感，说它玉琢冰雕吧，它又显得那样柔韧而有弹性。（合）总之，只凭几个优美的词句是不能概括它的全部内涵的。
>
> （合）广玉兰开花有早有迟，在同一棵树上，能看

到花开的各种形态。（A）有的含羞待放，碧绿的花苞鲜嫩可爱。（B）有的刚刚绽放，几只小蜜蜂就迫不及待地钻了进去，那里面椭圆形的花蕊约有一寸长。（C）盛开着的广玉兰花，洁白柔嫩得像婴儿的笑脸，甜美、纯洁，惹人喜爱。（D）先前热热闹闹开过的广玉兰花呢，花瓣虽然凋谢了，花蕊却依然挺立枝头，已长成近两寸长的圆茎。圆茎上面缀满了像细珠似的紫红色的小颗粒，这就是孕育着新生命的种子。（合）远远看上去，一株广玉兰就像是一个数世同堂、生生不息的大家族。

4月12日 / 星期一 阴

百顷风潭，十里荷香

4月3日、4日、5日清明小长假。6日归来，已是周二。诵读课是本班最重要的课。周二补上的诵读课上，胡婧怡、丁若琳、王艺伟吟诵徐再思的《［双调］水仙子·夜雨》。虽然声小如蚊哼，可基本调却听得出来。下午放学后，师生反复调整、试唱，《夜雨》终于得以定型、录音、发到网上。

> 一声梧叶一声秋，一点芭蕉一点愁；三更归梦三更后。落灯花，棋未收；叹新丰逆旅淹留。枕上十年事，江南二老忧，都到心头。

整首元曲的吟诵分两个乐段，后一段是教师调出来的——调整的根据则是前面四句的主旋律。

“这个调子真好！很符合意境。你们怎么想出来的？”

“是我妈妈编的。”王艺伟说。

“呵呵，你妈妈太有才了！校园开放日那天，只听了一节吟诵课，你妈妈居然就会吟诵了！真是了不起！”教师由衷赞叹。

今天上台的有两组。马静婷、宋世君的《［双调］折桂令·咏西湖》清新、温婉、甜润，同学们都听呆了。她俩用的是电影《闪闪的红星》里《映山红》的调子。而《盼红军》——几乎原封不动地照江西民歌填词而成。

当然还需调整，相比《夜雨》这是微调。现在是17:30，录音结束了，两个女孩高高兴兴回家去。教师则留在办公室：写日志，把吟诵发到网上。今晚，学生会上网听的。

> 西湖烟水茫茫，百顷风潭，十里荷香。宜雨宜晴，宜西施淡抹浓妆。尾尾相衔画舫，尽欢声无日不笙簧。春暖花香，岁稔时康。真乃上有天堂，下有苏杭。

淳朴、甜润的童音从电脑里传出，教师兀自陶醉，莫名感动。

“真好！看云看云，你听出没有，你们孩子的吟诵有很浓的乡土气息！一点都没有城里孩子的洋味儿、流行腔！

真好！真感人！”4 月 10 日，合肥梅山饭店，梨花纷飞的小园里，听了云门弟子的吟诵，玫瑰赞不绝口。

明天给施俊瑞、马建录音。他们吟的是张养浩的《［双调］雁儿落带得胜令·退隐》。

教师希望男生女生合作起来，于是指定李自成、李欣会兄妹下周登台。

“老师，下个星期我们也想吟诵。”下课了，邢虎威、高岩松上前请求。因为吟诵变得听课专注、发言积极的男生中间，高岩松是典型。邢虎威呢？——“我的理想是当吟诵家！”

呵呵，对于即将毕业的这班孩子来说，吟诵规范不规范，好听不好听一点都不重要。想象一下，课间十分钟，教室里、走廊上，总有三两学生拿着《日有所诵》在那里陶醉、琢磨。这种纯净，这种风雅——岂止属于登台的几个？

作为教师和母亲，有三种情景是我所不忍听闻的：一是孩子跳交谊舞，二是小小的孩子诵经，三是孩子唱《让我一次爱个够》和《老鼠爱大米》。

百顷风潭，十里荷香啊。一天的工作就要结束，再听，再度有莫名的感动涌上心头。为学生，也为自己。

4月20日 / 星期二 阴雨

又一组关于吟诵的日记

一、《夜雨》吟诵调的调整

下午放学，我们去了薛老师办公室录《［双调］水仙子·夜雨》。

在录之前，薛老师和我们一起对这首吟诵调进行了讨论和修改。

薛老师让我们先合一遍，“一声梧叶一声秋，一点芭蕉一点愁；三更归梦三更后。落灯花，棋未收；叹新丰逆旅淹留……”

合过之后，薛老师帮我们改了几处，像“落花灯，棋未收；叹新丰逆旅淹留。枕上十年事，江南二老忧”这些都改过了。

我们练了又练，吟的时候，心里难免有些温暖涌上来，可能是进入了这种情境。在创作新调子时，我还知道吟诵尽量不要改字音。新调子是根据作者思乡情怀而创作出的，让人心里感到暖洋洋的。我们练了好几遍才分角色。

第一句我唱，我起得很高，“一声梧叶一声秋”，我很有感情地唱出了“梧叶”，唱出了“秋”；第二句王艺伟唱，她的声调收放自如，我很佩服她；第三句胡婧怡唱，她很矜持，不敢大声唱。

我们差不多练了有一个小时，才往录音笔里录。录了三次，第二次是最成功的。薛老师每录一次就放一次给我们听。

我每次录的时候心里就在想：“豁出去了！”声音终于放开了，听的时候我才注意到我的声音很大很洪亮，这说明我又迈出了挑战自己的一步。（丁若琳）

二、《咏西湖》调子的由来

今天下午只有两节课，所以，那么好的时光当然得用来练习吟诵！我掏出《日有所诵》便练习起来。

我们选了两首，一首是学唱姜嘉锵的《春晓》，另一首是用《闪闪的红星》插曲《映山红》的调子吟诵《［双调］折桂令·咏西湖》。

说到这个调子，其实是我脑子里忽然冒出来的！这两天学的《广玉兰》和《夹竹桃》都是花儿，写语文《基础训练》的时候，我的脑子里冒出来一大堆花的名字。忽然，不知道怎么了，我就哼起了《映山红》："岭上开遍哟——映山红！"我想：为什么不用《映山红》的调子来吟《咏西湖》呢？

一上学，我便把这个"绝妙主意"告诉了宋世君，她举双手表示赞成。我先唱了一遍，调子是按"平长仄短""加工"过了的《映山红》。

我们采取的是这样的分工：我先吟"西湖烟水茫茫，百顷风潭，十里荷香。宜雨宜晴，宜西施淡抹浓妆"，然后我们合起来再从头吟到尾。不一会儿，宋世君差不多也会了。

但是还有一些缺陷。我的缺陷是找不着调子，总是忘记第一句的调子是啥，还要宋世君提醒。宋世君呢？她因为根本没听过《映山红》，所以前几遍都不知道她跑到哪首歌上去了。呵呵！

周六、周日我和她都见不到面，因为我们两家离得太远，所以，只好抓紧在学校的时间赶快练习！

同学们，等待我们的表演吧！（马静婷）

三、温暖的《子夜吴歌》

“长安一片月，万户捣衣声。秋风吹不尽，总是玉关情……”明朗的教室里，我和哥哥吟诵李白的《子夜吴歌》。不过因为是第一次登台吟诵，我和哥哥都没有放开。老师说，放学后帮我们调音，调好了还有一次登台展示的机会。

下午放学了，我和哥哥还有高岩松、邢虎威来到薛老师办公室。老师先让我们吟，老师一边听一边指导。“长安一片月……”我开口了。老师说：“第一句起得很好，‘一片月’的感觉出来了。你可以再放开一些。”

“万户捣衣声——”哥哥吟道。“注意，‘万、户、捣’都是仄声字，‘衣’和‘声’都是平声字。”哥哥重吟了一遍。

“你们注意没有？‘秋风吹不尽’，是平平平仄仄，‘总是玉关情’是仄仄仄平平。这两句真绝！吟好了一定非常和谐，而且充满感情。

“这首诗表达了古代人民希望和平的感情，诗中的妻子希望丈夫早日平安归来，因为有男声，吟诵也表达出丈夫对家乡和亲人的思念。所以，这首诗是很温暖的，是秋风中的温暖，是人情的温暖。”

就这样，一遍一遍地吟，一次一次地调。渐渐地，我也觉得心中很温暖，就像有一只温暖的手在抚摸着我的心。

开始录音了。一共录了两次才成功。我们的任务也完成了。

现在该说说调子的来源了。其实很简单，我想都没有想，张嘴就吟，平长仄短，就出来了。听起来好像不大可能吧？

我觉得吟诵能让人变得阳光、大方，就像获得了某些东西。什么东西呢？我表达不出来！（李欣会）

教师的话：其实，《子夜吴歌》的基本调来自姜嘉锵的《春晓》。完全忘记其实是完全内化。

四、《对酒》，只有我自己

“不惜千金买‘宝岛’”，呀，又错了！我在心里默念道。

再来！老师说这是一首英雄之歌。因为秋瑾是女中豪杰，所以，不仅要刚烈，还要温暖、柔情。谈何容易！

“‘不惜千金买宝刀，貂裘换酒也堪豪。’一定要饱满，要有豪气冲天的感觉。”

“‘一腔热血勤珍重’要温存，这是她对自己说的话，也是对革命同志的叮嘱。”

“两个‘化碧涛’要有变化，不然，重复就没有意义了。第一次要坚决，表示抱定必死的决心；第二次要缓慢温柔，因为秋瑾不怕流血牺牲，正是为了国家的富强，人民的幸福。”

“洒去犹能——化碧涛！化——碧——涛——”一次又一次地练习，我陶醉在吟诵里了。

闭上眼睛，仿佛有一股强大而不可阻挡的力量把我带到了另一个世界。身边的一切都变得暗淡，好像快要消失了。只有我自己才是真正的自己。

一曲吟罢，我渐渐睁开眼，睁开眼……（高岩松）

4月27日 / 星期二 晴

读一本好书

“读一本好书，就是在和高尚的人谈话。”歌德的这句名言，我一直十分喜欢。我读过许多好书：《飘》《简·爱》《苏菲的世界》《永远讲不完的故事》……这些书我都十分喜欢，但我最喜欢的还是名著《飘》。

《飘》这本书的主人公是一位女性——郝思嘉。她天生丽质，出身豪门，虽然她的母亲从小让她受到了很好的教育，可她的骨子里却流露出一种反叛和任性，更像她父亲。很多人说她卑鄙、不择手段，但没有人是十全十美的。她的优点更多于她的缺点，她坚强、独立、有责任心、信守承诺、敢爱敢恨，认准一个目标，必勇往直前……请务必记住，她只是一位女性！

她所生活的年代是个战乱年代，当美国的南北战争已经打到郝思嘉所居住的城市亚特兰大时，她的亲戚媚兰正准备生孩子。她因为答应过卫希礼会帮忙照顾媚兰，所以她对媚兰不离不弃，直到最后一刻带着媚兰和她的孩子一起逃离了亚特兰大。这一点，不足以说明她有责任心和信守诺言吗？

刚读完这本《飘》的那天夜里，我梦见郝思嘉办了一个读者见面会，我上去问了郝思嘉好几个问题：“在失去白瑞德后，你真的能笑对每一天吗？”“当然可以，明天又是另外一天了，会发生什么事我们并不知道。”郝思嘉坦然地回答。

读好书，在和高尚的人的谈话中，自己也会变得高尚！（胡婧怡）

4月28日 / 星期三 晴

家长会上的发言

一

各位家长：

大家好！

先通报一下期中测验情况：

95分以上，10人；

90—94分，17人；

80—89分，24人；

70—79分，9人；

70分以下，2人；

因病缺考1人。

对于这样的收获，教师是满意的。此后两个月，如果孩子、教师、父母齐心协力，期末统考定能再创佳绩。

六年即将结束，这是我们的最后一次家长会。在这最后一次家长会上，特别想跟大家谈谈“合作”的话题。

首先，我该向大家道歉，因为，这么重要的事情，直到今天我才跟你们说起。

大家都知道，这是一个充满竞争的时代。无处不在的生存竞争已经具体演绎为知识竞争、能力竞争、体质竞争、心理素质竞争，还有——合作精神与合作能力的竞争。

合作为什么重要？

阿德勒在《自卑与超越》里指出：合作是个人与世界建立温暖、健康、牢固联系的途径和能力。一个人幸福与否，跟他拥有多少财富、多大权势没有关系；一个人幸福与否，关键取决于他是否与世界建立起温暖、健康、牢固的联系。如果这种联系的纽带完全切断，人是一天都活不下去的；如果这种联系的纽带变得扭曲、松弛，人就只有患病、发疯、犯罪的道路可走。

儿童需要学习的东西太多。目前的学校教育、家庭教育片面注重儿童认知能力的培养。其实，儿童首先需要学习的乃是合作。

学习合作需要榜样，父母首先要做合作的榜样。具体地说：第一，夫妻不要在孩子面前彼此抱怨，而要让孩子看到父母为谋求家庭幸福的携手合作；第二，不要在孩子面前抱怨上司和同事，孩子会因为你的抱怨而对工作产生恐惧；第三，永远不要在孩子面前抱怨教师，这其实是在给孩子制造痛苦。想想吧，负着父母抱怨带来的阴霾，每天面对不喜欢的教师，服从不喜欢的教师，对于小小的孩子来说，这实在比陷入一段没有爱情的婚姻还要痛苦。因为婚姻关系中的双方绝对平等，而在学校教育中，教师的权威绝对必须！

二

再具体一点。六年级开始，教师要求家长一周一单元地聆听孩子朗读《全阅读》，有的两遍，有的一遍。多数家长尽职尽力地做到了，图省事、签假字的也不乏其人。

亲子共读的好处固然在于提升整个家庭的语言素养、知识背景、亲情境界，亲子共读的好处尤其在于：置孩子于合作筑起的爱之庄园。

今天，他们在其中体验合作、学会合作；未来，他们更有可能成为优雅的公民、知性的母亲或可敬的父亲。

春雨春风，三月四月。各位，在过去这段时日里，如果你们竟不曾和孩子一起体验过《安妮日记》带来的心灵震撼、《爸爸的花儿落了》带来的成长启示，你就大大地错过了！“上帝给我们水为了洗身体，给我们空气好净化灵魂。一个人的肺里如果充满新鲜宜人的空气，一切都不必发愁！”如果你是尽职的，你一定记得，这话来自《我的山谷曾如此绿》。这就是高级语言啊，多么纯净和尊贵！

从某种意义上说，语言的层次就是灵魂的层次，语言的力量就是生命的力量。高级语言是高级学习、高级思维的工具，也是提升生命境界的阶梯。教师之所以要坚持不懈地带着孩子们诵读、朗读，就是想让他们拥有这种工具，登上这个阶梯。

三

孩子的成长需要帮助，帮助孩子的前提是了解孩子。

粗心的父母，也许你们对孩子的了解还比不上教师。最近学生写了一篇作文，题为《我的烦恼》，老师吃惊而心疼地读到，本班竟有那么多孩子苦于父母不和。

一个孩子写道："当爸爸妈妈都在家里的时候，家里的气氛像冰窖，又像随时会被点燃的炸药库。当爸爸妈妈都在家里的时候，我的每一根神经都绷得紧紧的。什么事都没有做，我就觉得很累。他们说话、动作的声音稍微大一点点，我就会吓得心惊肉跳。我不知道为什么我不能拥有一个充满欢笑的家庭。"

让教师潸然泪下的，是文章的结尾。"薛老师，如果你觉得这篇作文好，打动你了，求你千万不要在班上表扬我。因为家丑不可外扬，因为我还希望父母能够和好。"

我相信：此时此刻，你们不会无聊地猜度文章的作者；此时此刻，你们不是在反省就是在同情。

对于那些长期陷入冷战的夫妻，我有两个建议：第一，回去之后和另一方好好交流，从今天起，齐心协力，互相包容，还孩子一个温馨的家，这是一种积极的合作；第二，实在过不下去，就尽早分手。对于孩子来说，最不像家的地方就是名为"家庭"的战场。与其让孩子终日甚至终年战战兢兢、心惊肉跳，还不如让孩子做健康快乐的单翼天使。好合好散，这也是一种合作——消极合作。消极合作也比持续冷战好。

还有很多孩子的苦恼和读书有关。这学期时间紧、任务重，不少父母于是限制孩子读书，只许做习题、看教材——太可笑了！小学统考算什么？你们知道吗？很多大学生，他们狂读小说的时候，恰恰是在高三。为什么？压力太沉重、复习太单调，孩子需要放松和调剂！

在我看来，只有那优秀的孩子，才会在单调和沉重的日子里，选择阅读作为放松和调剂的方式。是的，阅读《万物简史》、重读《狼图腾》确实不如做题能抓分，但在老师看来，真正的读书种子，就是这种不管分数，只为喜欢而阅读的人。这样的孩子，将来无论到哪里、做什么，你都尽管放心，因为，深深根植于孩子心中的好书，其实就是永远照耀孩子天空的太阳。如果是我，高兴还来不及呢，你竟阻止孩子！

四

（举起一本书）请大声读出它的名字。对，《世界顶尖科学家答儿童问Ⅰ》。来自德国。

我们知道，德国人是世界上最认真的。对于教育，他们认真到什么程度？面对儿童的提问，德国人决不敷衍了事，他们成立了世界上第一所“儿童大学”。在儿童大学里，世界顶尖的科学家，用浅显风趣的语言，给予“儿童问题”以权威负责的回答。为什么会有雷电？为什么男孩喜欢打架而女孩喜欢争吵不休？为什么医生能治病？为什么我们要讲故事？……

这本书的特殊价值，不仅在于内容，还在于它的图画。两百多幅插图加上权威而风趣的内容，使得这套丛书在德国荣获“最佳科学图书”“最佳青少年图书”“最美丽图书”等奖项。

我们为什么要讲故事？坎贝尔教授给出的答案是：故事不仅是一种很好的消遣手段，故事还能够化恨为爱！关于“故事”的作用，坎贝尔教授用《一千零一夜》的故事，做了神奇而巧妙的回答。

下面我想讲一个真实的故事。故事的主角不是一个人，而是一家人。

从前，施俊瑞父亲是做建筑行当的。施先生，你现在还在盖房子吧？哦，还在盖。回到故事——

从前，施俊瑞父亲是盖房子的，施俊瑞母亲是开小店的，她在紫蓬山开了一个小店，生意兴隆，财源滚滚！可是施俊瑞性情比较暴躁，玩心也很重，经常和同学发生冲突。

大约是在二年级吧，一次家长会后，我接到施俊瑞母亲的电话，她告诉我：他们夫妻想明白了，教育是一个家庭最大的事业，如果唯一的儿子荒废了，学坏了，挣多少钱都没有意思。于是她毅然决然地将小店关张，在家门口找了一份劳动很辛苦、薪金很微薄的工作。从此母亲回到孩子身边，从此一家人过上了幸福的生活，从此——“我妈妈说”成了孩子日记里出现得最多的字眼儿！

周密的《观潮》一共四段，老师只要求背两段，可他却背诵了全文。“我妈妈说的，古文，就该全文背诵！”多么自豪的声音，多么幸福的宣言！放任就是放弃啊！孩子，是深知好歹的，内心深处，他们渴望着父母的陪伴、扶助和严格要求！

施俊瑞母亲一直在写教育周记，这是她昨天的文字：

4 月 27 日　星期二　晴

晚上，我躺在床上看《全阅读》，阿瑞坐在沙发上玩。“阿瑞，‘繁衍’两个字你会写吗？”我问。“会。先写‘每’再写反文旁，最后在下面写一个不带撇的‘系’。‘衍’是在‘行’的中间加一个三点水。”

“妈妈，你知道行动的‘行’分开来是什么字吗？”孩子反过来问我。“不知道。这也是字吗？”“是‘彳’和‘亍’。在甲骨文里面，‘行’的意思就是十字路口。”

今天我又长知识了。随着阿瑞年级的升高，读他的书我常常遇到不懂的地方。比如“客观”这个词。当我不懂的时候，他和他爸爸都来教我。现在，我也懂得不少古代名言了，比如“见贤思齐焉，见不贤而内自省焉”。

施俊瑞测验成绩中等。然而，毫无疑问，施俊瑞是班上最幸福的孩子，施先生一家也是班上最幸福的家庭！

教师的付出需要回报，教师的呼吁需要回应。每个星期三，哪怕只有一篇这样的文字，老师也感到了莫大的安慰和鼓励！到今天为止，坚持写教育周记的，共有九位家长。教师感谢他们，你们大家也应当感谢他们，因为，没有他们积极表现出来的合作精神，这个班可能是另外一个样子。

让我们用掌声表示我们的钦佩和感激！这些有福的孩子是：魏鹏、叶少华、鲍秉轩、李旭冉、高陈、施俊瑞、李智炫、韩玉琤、郭乐。（九名家长上台领取《世界顶尖科学家答儿童问Ⅰ》）

应当得到奖品的家长还有很多。所有那些没有写周记，却亦步亦趋跟着教师一路走来的家长都应当得到奖励。然而，最实在、最珍贵的奖品，乃是你们一路收获的快乐和温馨。书香门第幸福多啊，与此相比，一本书的奖励算什么？

五

六年弹指一挥间。2004 年 8 月，接手这个班的时候，我发过一个誓愿：无论发生什么事，都决不抱怨学生和家长。今天我可以诚实地告诉你们，我做到了。

然而，你们尽可以在孩子听不见的时候批评教师，因为我确有很多地方做得不好。然而！有一条你们必须坚信：这个老师可能有很多缺点，然而她苦口婆心地让我们和孩子一起读书是绝对没有错的。

拜托你们，把读书的道理说给身边的每一个人。这是我对各位发出的一生一世的合作请求。请在心里答应我。

六

以前我给你们讲过很多故事。今天，我还用一个故事作为结束语。故事叫作《睡不着吗，小熊？》。

大大熊和小小熊住在山洞里。天黑了，大熊让小熊在山洞里头的一张小床上躺下，自己坐到火堆边读一本图画书。

在座的父亲，请注意这个细节，请一定一定让孩子看到你在家里读书的样子。父母读书的情景，是孩子一生安详、纯净的泉源！

可是小熊不肯睡觉，他说："我害怕。""怕什么？""怕黑。"于是大熊拿来一盏小灯，点亮了，挂到小熊的床头，然后又坐到火堆边看图画书。

小熊还是睡不着，说："我害怕。""怕什么？""我怕黑。""哪儿黑？""周围到处都是黑。"就这样，大熊先后换了好几盏更大的提灯，可是小熊还是睡不着。"明明不黑了，山洞里已经灯火通明了。”爸爸说。“还是黑。”小熊指着洞外说，“外面黑！”

大熊牵着小熊来到洞外。“我害怕！”小熊说。大熊把小熊紧紧抱起来。“不要怕，”大熊指着天空说，“爸爸为你提来了月亮。”小熊什么都没有说，月光下，他在大熊的怀里睡着了。

人生，其实就是漫漫长夜里的探险和摸索。没有爱、没有书的一路多么黑暗、漫长和痛苦！六年了，一本又一本的好书，是我一次又一次，为孩子，为你们提来的大大小小的灯。

这些灯照亮了我们的教室，也照亮了很多的家庭。还有两个月就要分离了。今天，我想对你们说：放心大胆地走出灯火通明的山洞吧，虽然再不能为你们提灯，可是，我将月亮——这世上最大的天灯指给你们了。那是很多很多皎洁的书。

希望你们都能拥有这份高贵丰盈的皎洁。祝愿你们和你们的孩子，因为爱的温暖、书的照耀——行得浪漫，睡得香甜。

谢谢大家！

5月 May

吹奏“青春读书”的序曲

5月13日 / 星期四 阴

西顿，并非偶然的相遇

“西顿？我们班级书库早有了！学生好喜欢，尤其是男生！全集？《西顿动物小说全集》？太好了！这回孩子们可以读个痛快，读个饱了！”

办公楼的第二层属小学部，一大早，我就捧着八本书在二楼办公室之间游走。同事的欢呼声一起再起，仿佛洛波部族围住了肥牛。

《西顿动物小说全集》，第一版，刚刚到货。出版社计划重做此书，约我以教师的身份写“几句”推荐语，我很愿意。我要写的肯定不是几句。我相信：如果只有几句，我便没有资格推荐，我就应该负责地拒绝。因为我没有感觉。至于这一份很个人、很自我的感觉能否打动别人，那就另当别论了。

2005 年以来，送出很多本《西顿野生动物故事集》；2005 年以来，不知不觉拥有了很多版本的“选集”。赠送和收集，皆源于“第一本”，而“第一本”却已不在我的手里，也不在学校阅览室。我有很多年没有觅到它那素朴的容颜了，有哪个爱书的人没有起过偷书的念头呢？有时候，我甚至后悔当初没有学孔乙己的样儿，勇敢地将它窃为己有。

1987 年，参加工作的第三个年头，从《西行漫记》《伟大的道路》到《林肯传》《论个人在历史中的作用》，阅览室“值得读的书”几乎都已看遍。一日，漫无目的地逡巡在霉味浓重的书架间，随手取出一本很薄的旧书：《狼王洛波》，蓝色封面，画着洛波戴着金色王冠的侧面头像。当时，若不是实在无可看者，自诩深沉的我断不会对这本幼稚的“儿童读物”发生兴趣。

二十多年过去，直到今天，看云想起那本书，耳边，就响起狼王被捕时徒然发出的长嚎；灵魂，就体验到身体被缚之后不屑理睬“我们”的沉静；目光，就与一种奇异的眼神相遇——那是狼王至死凝望着草原的骄傲而悲伤的眼神。

当然还有宾果、春田狐、小兔子豁豁耳、乌鸦队长银斑儿……如今，“他们”已经成为六（2）班的挚友。

我无法称他们为动物。很多时候，我觉得他们比人类中的多数成员活得像人、死得像人。

在人群的恶浊泥淖里滚得太深、太久的我们，需要来自动物——尤其是野生动物的震撼、荡涤和警醒。

天空和旷野之间，他们一刻没有离开自然母亲的怀抱；残酷的生存环境中，他们直接畅饮着生命的清泉。他们是我们可敬的兄弟。

“看云，不管文字里、台上的你显得多么慈柔，我一眼就能认出，你，其实是一头狼。独狼。”朋友如是说。电话的这头，看云笑了。一瞬间，耳边响起长嚎，目光遇见目光——还有那广袤无边、残酷而又温柔的旷野和荒原。

而今，这旷野和荒原已不再只属于西顿和加拿大。这也是比安基、椋鸠什、沈石溪们的原野，这也是《野性的呼唤》和《狼图腾》的原野。它们重叠、连接、翕动，一并做了云门弟子的精神故乡。

一本讲述动物（主要是野生动物）故事的书，一个挚爱自由的教师——这种相遇绝非偶然。有些事情，如果不是“偶然”的机遇“提起”它们之间的联系，你是永远也看不见这些联系的。出版社的稿约，好比一束外来的光，将封存的记忆、沉默的联系全都照亮。

我是 30 岁以后才读《论语》的，自己从来不以为迟。22 岁的时候，我和西顿“偶然”相遇，从此，我的成长之路多少有些不同了。

希望弟子们都读，最好“读全”西顿动物小说。看云相信：曾经激活、丰富、润泽了自己的经典，定能加倍地激活、丰富、润泽她的学生。我愿意是桥梁——让更多的教师和孩子与西顿相遇。

特别喜欢这套“全集”的插图。满目锦绣，偏又素净至极，多到令人目不暇接，好到令人爱不释手！都是西顿画的。或精致或粗犷，或静谧或迅疾，或温馨或豪勇……且用你灵动温软的目光抚过它们：抚过灰熊卡普、银狐托米、麻雀蓝迪……抚过它们的奋争与恐惧，痛苦与甜蜜——

即便一行不读，也有说不出的感动涌过心头。

很高兴能在六年级即将结束的时候与全集相遇。我的学生有福了。

5月17日 / 星期一 阴雨

龟兔赛跑对六（2）班的启示

《保罗听故事》有点意思。

关于“龟兔赛跑”，父亲认为乌龟胜利是因为它坚持不懈，保罗认为乌龟胜利完全是靠运气。“乌龟一定事先知道兔子在比赛时会睡觉的，”保罗反驳道，“要不然傻乌龟就是自不量力，竟敢和兔子较量。谁都知道，兔子的速度起码要比乌龟快上100倍！”

在全套16张的“小学毕业班语文综合评估试卷”中，这个文本是难得一遇的真文本，问题也是难得一遇的真问题，教师自然不肯轻易放过。

“你认为保罗的理解对吗？为什么？”

多数同学认同保罗的理解，只有项文静一人持反对意见："乌龟胜利不完全是靠运气。兔子可能睡觉，也可能不睡觉，在这种情况下，乌龟只要坚持不懈就有可能取得胜利，可是如果乌龟放弃努力，就绝对没有胜利的希望。所以，乌龟取得胜利，也是它努力争取来的。"

"老师，我发现一个问题，《保罗听故事》说保罗将要参加学校举行的短跑比赛，这不对！因为短跑需要速度和冲劲，长跑才需要韧性。我建议作者把短跑改为长跑。"李旭冉说。

"龟兔赛跑有意义吗？或者说，这样的比赛公平吗？"

讨论后的共识：没有意义，对双方都不公平。

如果总这样比下去，乌龟会越爬越慢，因为除非兔子睡觉，乌龟永远比不过兔子！如果总这样比下去，兔子也会越跑越慢，因为跟乌龟比，兔子根本用不着全力以赴。

正确的比法应当是乌龟和乌龟比，兔子和兔子比。正常情况下，龟兔赛跑只能令乌龟绝望、兔子泄劲。

"如果你是兔子，你会睡觉吗？或者说，你理解兔子睡觉的心情吗？"

开始都"不睡"，后来"睡"的人多起来。

理由是："对于一只兔子来说，这样的比赛太伤自尊！

我宁愿睡觉而输掉比赛也不愿要那个胜之不武的冠军。”

“显然，寓言故事里的乌龟和兔子都没有选择对手的权利，这是它们的不幸。好在这样的比赛只有一次，也只能有一次！一个问题！如果命中注定龟兔总在一个赛场上比赛，乌龟和兔子应该怎么办？难道都睡觉吗？兔子先回答！”

“我将全力以赴！我只跟自己比赛！我当乌龟不存在！”韩玉琤坚决地说。

“乌龟呢？”

“我跟她不一样。我要盯住兔子，我把赶上兔子作为永远的目标和梦想！这样，即便永远追不上兔子，我也一定能够成为世界上爬得最快的乌龟！”朱翔宇说。

“哦，那已不再是爬行，那将是真正的奔跑！现在，回头再看，全力以赴的乌龟傻不傻？”

“不傻。”

“只睡一次的兔子可笑不可笑？”

“不可笑。”

“龟兔赛跑有没有意义？”

“有意义。”

“什么意义？”

“……”学生一时语塞。

教师侃侃而谈：“至少，龟兔赛跑对于我们六（2）班是有意义、有启发的。

“那就是：在人生的竞技场上，我们都希望遇到好对手，我们都要学会选择好赛场。然而，即便不能选择对手和赛场，我们也可以靠着自强自立保持住积极向上的状态。因为我们已经知道：有一种品质，它比一切的赞誉更能给予我们生而为人的尊贵和荣耀，那就是——”

“慎独！”学生大声齐答。

“慎独！”教师第 N 次大力板书。

龟兔赛跑的意义在于告诉我们：“不要在赛场上打瞌睡，不管你是不是兔子；要勤奋不懈，哪怕你不愿意做乌龟。”周其星老师说。

好像又绕回来了。呵呵！

5月18日 / 星期二 晴

吹奏“青春读书”的序曲

我就是那朵花。

我就是那个吹笛人。

且将这一段一段的文字，当作我的笛声。

一

2003年12月，严凌君主编的《青春读书课》系列人文读本出版了。2004年春，几乎在第一时间，看云就拥有了当时能够买到的所有“青春读本”，都是常丽华（芷眉）从山东淄博寄来的。从此，“严凌君青春读本”就成了教育在线“小语姐妹”的热门话题。《为了水晶心》呵，《记恋冬妮娅》呵，《愧对顾准》呵，《培养独立行动和思考的个人》呵……电话中，帖子里，乃至课堂上，那段时日，我们说的、读的、想的都是这套书。

2006年春天，看云出版《给我一个班，我就心满意足了》。其中，《我们来自另一个世界》，记录了“青春朗读”的快乐。“铃声响起，拥着几日以来爱不释手的《人类的声音》——我去我的空教室。”当时，看云“拥着”的《人类的声音》，就是《青春读书课》的高级卷。

“假如三十五岁前我能读到这样一套书，我不会是现在这个样子。现在我读了这套书，依然感到内心发生了一些微妙的变化。”

《青春读书课》封底有七个人写的推荐语，莫言的最好。

二

《在今天，做一个语文教师是可耻的》，这是严凌君在一次教师培训会上的讲演。培训归来，常丽华兴奋地转述给看云。其实，看云猜都能猜出严老师大约说了什么。我以为我们是一头儿的。

知耻而后勇。“简直不敢相信，这厚厚七大卷书竟出自一位普通的中学老师一人之手。我编过类似的中学生课外读物——《新语文读本》，我们是动员了十多位朋友，先后折腾了两年，才编出来的，其中的艰苦，我是深有体会的。因此，我懂得这数百万字的分量。”这是钱理群的序言开头。

2004年春，即便没有参与过编书，我也深知“七大卷”的沉实、丰盈和珍贵。对于那些有福气遇到、有慧根读进的中学生来说，这是长长一场太过奢侈的、成长的盛宴。

于是开始在中学生家长——主要是母亲——中间推荐，却极少跟中学语文教师说起。猜都能猜出他们的反应！我不忍自己所景仰、所珍惜者遭受轻慢。对比多数中学语文教师的素养，我更相信母亲的直觉。

作为语文教师，我们应当感谢严凌君钱理群们，《青春读书课》和《新语文读本》使得看云、芷眉们对将来有了信心。因为，对于那最优秀的学生，教师要做的只是开书单。

三

对于云门弟子来说，从《日有所诵》《全阅读》到“初级读本”之《成长的岁月》《心灵的日出》，中间跨度很大。绝不是缓坡上升。看云知道：如果没有教师引领，虽经过看云的热忱推荐，弟子中能够读进，进而读完的只有个别人。而这，只能更大地激发看云的热忱！因为：好书在家，就是一种环境，一种氛围，一种期待，一种可能。

种子是否饱满是一回事，土壤是否肥沃是另一回事。看云要在自己力所能及的地方——竭尽全力。

学校应当是理想的乌托邦，教师应当做冥顽的精神贵族——执迷不悟地引领学生往最高处飞。

君子之德风，小人之德草。教育一定要满足“君子”，也就是佼佼者的需要。满足他们，也就顺带满足了全体；而且是高层次的、动态上行的满足。

佛法如万丈悬瀑，瀑下的千尺深潭，让潜龙和小鱼都得到了养育。优质的教育就当如悬瀑。

我们应当常常自问：那最优秀的，是否被我辜负了？那最优秀的，我是否有能力满足？

总是不由自主地把所有学生都想象成最优秀的。而今想来，无论对我还是对学生，这种想象都是必需的、应当的。只有这样，教师才能鼓足干劲、力争上游，达到点燃、激活的目的；只有这样，学生才有可能接近竟或达到“最优秀”。

就当他们是小龟吧，当教师把他们想象成兔子的时候，当小龟因为教师的感染而误以为自己真是兔子的时候，他们将拥有奔跑的速度。

何况，他们多是兔子！只是比较爱睡觉而已。

四

周其星告诉我：“整套《青春读书课》早就买不到了。目前网上只能买到两本《成长的岁月》。我特意致电严老师，他自己也没有。想再版，因为这个系列书很多，没有哪家敢接着出，严老师自己也很无奈。”

这是一个奇怪的社会：在物欲上，它竭尽全力满足、扩大、制造人们的“高级需要”——其实是虚假需要——不惜浪费资源、污染环境，因为有利可图；在灵魂上，它竭尽全力扩大、满足、制造人们的低级需要——其实是感官刺激——不惜败坏世风、沙化人心，因为有利可图。高级需要的命运于是可想而知，精神贵族的痛苦于是可想而知。然而经济高速发展了！这种病态的畸形的高速发展，其实是一种高速分裂、高速堕落。

与《日有所诵》和《全阅读》略有不同，这套《青春读书课》所适宜的，乃是优秀中学教师、优秀中学生。优秀者总是少数派，而庸众又是如此之人庸势众。不能再版，自是情理中事。

呜呼！我要鼓动我的学生赶紧去买。

五

将《成长的岁月》请进教室。上午第一节，我在一天里最可宝爱的时光里朗读《把自己打扮得尽可能美丽》。

这是一封写给儿子的信，时在1940年。信很短，开头是这样的：

> 随信寄上我一首新诗的最后一次修改稿。说真的，当全世界都已挖掘好坟墓和避弹室等等，打算彻底摧毁存在迄今的人类世界之时，我还整日忙碌于把自己的一首小诗修改得好些，简直滑稽可笑。

硝烟弥漫的岁月，一个诗人“整日忙碌于把自己的一首小诗修改得好些”，这是自私还是伟大呢？其实，诗人已经给出答案。第三段，我读了两遍：

一位诗人生活在一个明天可能即将遭受毁灭的世界上，他却如此细心雕琢、组合、推敲自己那些小小字词，因为他的作为与那些今天盛开在全世界一切草地上的白头翁、樱草花以及其他绚丽花朵的情况完全相同。它们生长在世界上，也许明天即将被毒气窒息，今天却依旧小心翼翼地孕育着自己的花瓣和花萼，不论是五瓣、四瓣或者是七瓣，不论是光边的或者是锯齿形的，永远认认真真把自己打扮得尽可能美丽。

“生灵涂炭的年代啊，命悬一线的岁月！一个男人，不轰炸也不射击，却细心雕琢小小的字词，像野地里的花，不管明天怎样，永远认认真真把自己打扮得尽可能美丽。读到这里，你们一定想知道，诗人黑塞精心修改的究竟是怎样一首诗，对吗？”

“对。”学生轻声答。教师于是轻声读：

吹 笛

夜晚，透过树丛和灌木，

一间小屋的窗子闪出微光，

在那看不清的房间里，

一个吹笛人站着吹笛。

“《吹笛》——”，甫一念题，就有巨大的感动涌上心头。“一个吹笛人站着吹笛。”诗人再三推敲、始终不能满意的“第一节第四行”，更令教师潸然泪下！

这是独自阅读绝对不能达到的境界。学生的倾听，深刻、强化了教师的阅读体验，而教师的状态，又必然震荡、感染学生。

70 年过去，今日之事足以证明：一朵花的力量远胜轰炸机、高射炮和毒气室；能够穿越生死、直达心灵的，恰是那些看起来柔软脆弱的事物。

六

星期四朗读《心灵的日出》之《在语词的密林里·人

和书》，看云将给学生说起秦始皇、希特勒和“文化大革命”，看云希望学生记住：凡是焚书的地方，最终将必焚人！

> 纳粹焚书50周年时（1983年5月10日），联邦德国法兰克福市（这里每年举办世界上最大规模的书展）工会举行过群众集会纪念这现代的焚书丑行——大会的横幅引用了诗人海涅的名句：凡是焚书的地方，最终将必焚人！

5月26日 / 星期三 阴

一日碎金

一、找调

这是很有意思的事情：教师没有自己的调子，一个都没有。可是，只要听到学生兴致勃勃的“吟诵”，不管那最初的调子怎么可笑，怎么不成曲调，经过同心协力、锲而不舍地调整和寻找——有时在办公室，有时在走廊，有时在操场，找啊找，调啊调，大约一小时之后，总能找到像模像样的调子。至于这调子究竟属于谁，那就说不准了。

录音笔采下了16首吟诵调。《鹊桥仙》有三个调。前两个来自保罗·西蒙和加芬克尔的《斯卡布罗集市》（美国电影《毕业生》插曲）和李叔同的《送别》。无论是意境还是平仄，听起来居然都挺合适！

“呵呵，这不是吟诵，是填词呢！只不过，词是别人的词，曲是别人的曲——你们用歌声将二者融为一体了。这也是创造啊。所谓创造，就是在看起来毫不相干的事物之间发现联系、建立联系。《斯卡布罗集市》和《送别》都是感人至深的经典老歌，真正的雅歌啊！我很高兴，因为吟诵，你们都葵花向日般地转向了‘雅歌’。”

板书“雅歌”。想了想，又给加上书名号。“《雅歌》，也称《所罗门雅歌》。”

当然，教师最希望的是孩子拥有自己的调子。方法之一就是有意跑调、强迫跑调。于是有了晏楚芸从“长亭送别”跑出来的“晏版《鹊桥仙》”。同时录下的，还有鸟鸣和孩子的欢笑。

香樟花开、蔷薇吐艳的日子里，于袭人的芬芳中和学生一起“找”调子，多么风雅！

二、排练

“年年六一都热闹，唱唱跳跳老一套。今年要有突出的主题，要显示出我们的办学特色！”校长如是说。

六一主题：日有所诵。这是开学初就确定下来的“全校性大事”。届时将邀请众多领导、嘉宾“莅临指导”。

这台节目是为62中争光的形象工程，也是小语同事日常工作的辉煌展示。

五月以来，除了迎接中考的九年级，全校上下都在不亦乐乎地准备着。书声琅琅，弦歌不绝。有才艺的家长也参与进来了，大家的积极性很高。

上周五校内初次彩排，意在发现问题及时修正；本周五到剧场正式彩排，为的是使演出效果一鸣惊人。

所有节目中，只剩结尾的齐诵没有排练了。今天上午第一节课后，利用30分钟大课间排练。三至八年级，13个班的学生集中列队于操场，在三位总导演（团支部书记、中学音乐教师、小安）的指挥下，放声背诵：

> 故今日之责任，不在他人，而全在我少年。少年智则国智，少年富则国富，少年强则国强。

三年级到八年级啊，何其绵延的年龄段！学生的声音有稚嫩也有粗重，然而非常整齐，非常润泽，非常有气势！

六百个孩子的声音震荡在天空，将在办公室的人们都吸引出来了。

红日初升，其道大光；河出伏流，一泻汪洋；潜龙腾渊，鳞爪飞扬；乳虎啸谷，百兽震惶；鹰隼试翼，风尘吸张；奇花初胎，矞矞皇皇；干将发硎，有作其芒；天戴其苍，地履其黄；纵有千古，横有八荒：前途似海，来日方长。美哉，我少年中国，与天不老！壮哉，我中国少年，与国无疆！

六年前，当看云带着学生诵读《365 夜儿歌》的时候，完全没有想到会有今日之情景。六年后，当全校都忙“日有所诵”的时候，六（1）班王老师全权负责六年级的吟诵节目，看云则潜心给学生开书单。含笑袖手啊，潇洒至极！

这才是值得高兴的地方：“日有所诵”与看云已经没有特殊联系了。“日有所诵”是学校的事情、大家的事情。“日有所诵”已在 62 中生根开花。

一年级的节目是儿歌联诵。早晨一上班，一（1）班的刘功名就在忙着做头饰。蚂蚱、蚂蚁、白兔堆了一桌。

“功名啊，在忙什么呢？这样痴迷？”

“我在忙‘花的事业，根的工程’！姚小群，你们五年级的条幅定做好了吗？”

“定做好了！‘琅琅书声，朗朗乾坤’！”

“就这八个字？还有‘日有所诵，水滴石穿’呢？”

“放心！一共四条，靓得很呢！”

“儿童是成人之父。诵读是深度阅读。”刘功名一边剪纸一边念念有词，“薛老师，你序言里很多话我都会背了。”

“有什么了不起，我们学生也会呢。‘让我们期待，让我们行动’！薛老师，你要请客！看我们都为你忙得团团转！”姚小群转向看云。

“才不呢！你们是为自己忙的，与我无关。”

“请客！请客！”一伙人跟着起哄，“精诚所至，金石为开；让我们行动，让我们期待！”

三、荐书

“这次的日记令我非常满意！内容丰富，书写工整。在日记里，你们记录了《与大师相遇》《小牛顿科学馆》《成长的岁月》给你们带来的震撼、惊喜和渴望，比如丁若琳；在日记里，你们把目光投向暑假，计划度过一个健康、充实的书香之夏，比如王志成；在日记里，你们向老师保证终生写日记，做有慎独精神的人，比如李玉雯；在日记里，你们书写自主阅读的快乐，显示善择图书的能力，比如王方波。

“《身体使用手册》（举起那本漫画书）是王方波在日记里津津乐道的一本科普读物，它来自《可怕的科学》，而《可怕的科学》，正是老师的网友随风老师极力向云门弟子推荐的！多么巧！多么令人高兴！看得出来，在这即将毕业的特殊时日，不约而同地，大家都在以一种特别认真的态度对待学习、听取教诲。这是对老师的尊敬，这更是一种自爱。这一切都明白无误地告诉老师：你们真的长大了！”

上午第二节读书课，教师如是说。之后四名同学朗读日记。

6 月 15 日考试结束。到结束还有两周多，剩下的时间里，要给他们朗读《新语文读本·初中卷》和《希利尔讲世界史》——这是教师希望他们将来能读的。

只开书单是没有用的！如果不让他们在教室里听见、看见；如果不把书实实在在送到他们手中，教师根本不相信自己的推荐有用。

缺乏自信吗？低估学生吗？你且读“全美最佳教师”雷夫的《第 56 号教室的奇迹》和《成功无捷径》。那个雷夫老师，根本不相信自己读完开头，学生能回家接着读完全书。他所确信的班级阅读，是师生合作，在教室里整本整本读完的朗读！

一个问题，时间从哪里来？“雷夫班”每天提前一小时上课，“雷夫班”基本不休假。雷夫比我还不自信，雷夫比我还不信任学生，所以，雷夫比我优秀！

不过看云不想做雷夫。雷夫太雷——雷夫太累！太有献身精神的雷夫，似乎把学生都想象成懒惰的，而看云，则更愿意把学生都想象成勤奋的。

明天上午朗读梁实秋的《谈考试》，临近考试的他们，一定感兴趣！

四、痘痘

做早操的时候，摸着脸，突然摸到一个凸起的东西！我的脸一发热，心想：这不会就是传说中的青春痘吧！？正好我的旁边有马建，我就问：“哎，马建，你看我这里是不是痘痘。”我一边说一边指着“案发现场”。“咦，好像是一个痘痘。”

完了，我的脸上有青春痘了！我一边想着，一边摸着。正好马静婷要拉我陪她一起去洗手间。我摸着脸问：“脸上长痘痘没有问题吧？”“哪有什么问题！我脸上这么多，也没见着出什么事。只要你不抠它就行了。”正说着，传来一声尖叫：“妈呀！我把痘痘抠掉了！”不过，与其说是“抠”，倒不如说是摸掉了！

马静婷看着我的脸说：“没什么，抠掉一两个没有什么大不了的。但记住，以后千万别抠了，不然会长痘疤的！这样会很难看。你只要坚持不抠，等过了几天，脸上就没有坑了！”

那可是我的第一颗青春痘啊！晚上外婆回家时，我把长痘痘的事情跟外婆说了，还把摸掉痘痘的事情一块儿跟外婆说了。外婆说：“说你长青春痘我还信，说你把痘痘摸掉我就不信了。你说，一个痘痘，你怎么能摸掉？要么就不是痘痘，要么就是你抠掉的。”我说：“不可能！我都请人鉴定过了，是真正的痘痘。我就那么摸来摸去，它就掉了。”

每个人都有很多第一次：第一次自己吃饭，第一次上学，第一次坐飞机……或许，我应该为这件事设定今天为我的纪念日？！我好无聊哦！（项文静）

6月 June

世界上最重要的事情

6月4日 / 星期五 晴

世界上最重要的事

孩子们：

你们好！

六年即将结束。六年间，我给你们父母写过很多信；六年间，这是我第一次给你们写信，这也是唯一的一封信。

在“唯一”的一封信里，只能讲最重要的事情。你们已经长大，世界上最重要的事情老师应当直接跟你们说。

知师莫若生，想都不必想，作为我的学生，你们一下就能猜出老师说的是什么。对，读书。就是读书，永远是读书。

一、砖头房子

在今天，对于每个学生来说，读书是最重要的事情；在今天，对于每一个人来说，读书也是最重要的事情。

想象一下，当世界上的大多数人都爱读书、读好书的时候，这个世界该是多么温馨、和谐与美好？我们有充足的理由相信，那份温馨、和谐与美好，不仅属于人类，也属于这地球上的一切生命。

都说“中国发展”举世瞩目，然而我要告诉你们：决定这个国家人民的生活质量、幸福指数乃至安全程度的，绝对不是人均收入、人均住房面积，更不是私家车的保有量、出境旅游的人次，而是书店、书城、图书馆、阅览室的普及程度及兴旺程度。

不要相信中学没有时间读书、没有必要读书的浑话！你以为重要的事情你永远有时间去做。

更何况，阅读和功课从来都是水涨船高的关系。不信，此刻就看看你的周围，有哪一个成绩优异、全面发展的同学不是博览群书的家伙？

不要让功课成为黑洞，耗尽你整个的中学——其实是整个的青春、整个的生命。

中学是一个人的世界观形成的关键期。我从不相信一个闭目塞听、孤陋寡闻的中学生上了大学之后能够自动变得开朗开放、热爱阅读。一纸文凭只能为你搭起一座漂亮的积木房子——它连一阵风都不能抵挡。

还记得《三只小猪》的故事吗？最终救了三只小猪并且帮助小猪战胜大野狼的，是猪老三的砖头房子。

现实对于年轻人往往不友善，生活看起来似乎处处有陷阱，然而你们想过没有，最深、最真、最可怕的陷阱往往就是我们的自私、贪婪——尤其是懒惰。

诱使猪老大、猪老二盖起草房子、木房子，从而使他们落入险境的，不就是投机取巧的懒惰心理吗？

世界是一片森林，这里鲜花盛开，这里也有大野狼。要在这样的地方拥有安全幸福的生活，就必须为自己盖一座结实的砖头房子。

能给你们带来安全、舒适与幸福的砖头房子，就是用

“经典阅读”建筑起来的厅堂、堡垒乃至宫殿。

经典读起来往往费力。这就对了，盖砖头房子当然要比盖草房子、木头房子辛苦很多。然而，这是绝对划算、绝对值得、绝对明智的。

二、回顾

《毛毛》《永远讲不完的故事》《米切尔·恩德作品集》《长袜子皮皮》《淘气包埃米尔》《吹小号的天鹅》《汤姆的午夜花园》《不老泉》《魔戒》《纳尼亚传奇》《野性的呼唤》《悲惨世界》《牛虻》《狼图腾》《西顿野生动物故事集》《简·爱》《朝花夕拾》《小王子》《中国历史故事集》《长征：前所未闻的故事》《神奇校车》《亲近科学》《万物简史》《阅读儿童文学》。

以上书名是不是听起来很熟？这是对本班高年级的阅读回顾。能在小学读完这些的，一定是班级的佼佼者；能将这种阅读优势保持到底的，必定是生活中的优胜者！

没有阅读的赶紧阅读，已经读过的，不妨有选择地重读，比如《神奇校车》《万物简史》《长征：前所未闻的故事》，初读未必透彻理解，需要反复咀嚼。温故而知新嘛。

三、推荐

这是面向初中三年的推荐书目。这些书老师大多读过，有的还不止一遍。凡是能够买到的，老师都已在课堂上展示、朗读过。学期结束时，它们将作为奖品发给你们。人人书不同，个个都有份！

希望你们在热衷于建立个人藏书的同时，互相借阅、积极借阅；希望你们因为手中的书而记得阅读，记得你们曾经是同学，永远是书友。

第一部分：人文类

《红日》《红岩》《铁道游击队》《林海雪原》《西行漫记》：此为红色经典，其实应当在小学读完。

《穆斯林的葬礼》：请注意开篇对“博雅斋”的描写，当年，就是因为“这样的一座宅子”，让老师对霍达佩服到了极点。

《基督山伯爵》：什么叫“偏多热血偏多骨，不悔真情不悔痴”？读完这本令人荡气回肠的书你就知道了。读有余力的男生，还可以接着读《三个火枪手》。

《猎人笔记》：在老师心目中，屠格涅夫是最干净的诗人。如果你也和我一样喜欢《木木》和《白净草原》，请一定告诉我！

《E.T.外星人》：忘记同名电影！想知道什么叫作“万物互相效力”“彼此都是兄弟”吗？请注意E.T.初到地球时的惶恐心境、周遭情境。

《张晓风散文选》：张晓风，台湾语文教师，老师曾经的偶像。“汉语的女儿”啊，对于一个语文老师而言，这是最高的赞誉。

《希腊神话故事》《圣经故事》：此为西方文明的两个重要源头。注定面向世界的你们，不可不懂。

《艾青诗选》：孔子曰，“不读诗，无以言”。若非读过一个人的整本诗选，是算不得“读过诗”的。《艾青诗选》是老师中学时代读过的第一本个人诗选。“请放声诵读《大堰河，我的保姆》，读到第六遍，如果还无动于衷，那你就没有希望了！”5月28日晨，薛老师如是说。

《当黎明穿上了白衣》《太阳》《生命》《春》《煤

的对话》《我爱这土地》《火把》《向太阳》《雪落在中国的土地上》……都是老师深爱的篇什。

《与大师相遇》全套五本：《真理的追求者·苏格拉底》《博爱的圣哲·耶稣》《老鹰的兄弟·西雅图酋长》《太平洋之王·库克船长》《苹果的引力·牛顿》是中国文字和西方绘画的完美结合，可以激发你们对西方文明的兴趣。

《写给大家的中国美术史》：《五牛图》《捣练图》《清明上河图》……对于传世名画的观摩和了解，定能提升我们的审美品位。美学家蒋勋用文学笔法写成的中国美术史，很值得一读。

《希利尔讲世界史》《希利尔讲艺术史》《希利尔讲世界地理》：一位美国中学校长为孩子们编写的亲切温暖、好听好看的另类教材。

《写给孩子的哲学启蒙书》《苏菲的世界》：哲学是最基本、最本质的科学，具有哲学头脑的人，做什么都会高瞻远瞩。

《给孩子们的信》：如果你喜欢路易斯的《纳尼亚传奇》，一定会喜欢这本薄薄的小书。你将对这个“最伟大的牛津人”有进一步的认识，并且深深感动于路易斯的温厚、腼腆、坚忍、谦逊，从而知道什么是真正的绅士。《译后记》很值得一读。这是余冲写给尚在母腹中的孩子的信。殷殷父爱，见于笔端。

《贝多芬》《莫扎特》（传记体小说），《居里夫人传》：中学生尤其需要阅读伟人传记。与伟人对话，将使你拥有山的骨骼、海的胸襟。

第二部分：科普类

《小牛顿科学馆》：这是华语世界的科普品牌，也是精美炫目的图画书精品。老师很喜欢其中的“动手实践”部分。这套书很适合小学中高年级，所以推荐给你们。

《可怕的科学》系列：这套书选题覆盖面广，内容轻松好玩，行文幽默风趣且干净利落，辅以搞笑的插图，是很棒的科普书！

《有趣的科学》（全4册）：《感受到的力——有趣的力学》《玩转数与形——有趣的数学》《这就是元素——有趣的化学》《什么组成我？——有趣的人体》。

《孙维刚初中数学》。

第三部分：读本类

钱理群、王尚文编《新语文读本·初中卷》。难得的优质读本，充分展示了语文魅力。《全阅读》之后，这套书一定会让你觉得亲切温暖。

严凌君主编《青春读书课·初级卷》。比《新语文读本》略深。它将挑战你的胃口，提升你的内力。

如遇诗文，敬请诵读。希望你们将小学养成的诵读习惯保持终身。

第四部分：报刊类

《中国青年报》：它的前身就是大名鼎鼎的《新青年》。在不少报刊沦为印刷垃圾的今天，《中国青年报》还保持着刚正洁净。

《中国青年》：关于这份杂志，只需记住十个字——“读《中国青年》，走人间正道。”

《中国国家地理》：同时推荐它的“青春版”——《博物》杂志，是《中国国家地理》杂志社专门办给中学生看的，内容天文地理无所不包，图片精美绝对养眼，是一本青春时尚，知识性、趣味性十足的杂志。如果能够淘到过期的

《中国国家地理》或《博物》，那是很实惠的。因为这两本杂志不存在“过期”。

四、可怕的暑假

为了帮助你们适应中学，父母可能会让你们上这个班、那个班，这没错。但我必须告诉你们，对于中学最好的准备是以毅力和慎独为支撑的自主学习与深度阅读。

整整70天，而且是没有作业的超级长假。如果你决意任自己掉进电视、网络、冰激凌掘成的“温柔陷阱”，那么——此刻已经不具备升学能力的你，70天后将更不具备升学能力。

学如逆水行舟，不进则退；心如平原跑马，易放难收。70天后的你，将退化成土豆、虫子。

所谓升学，其实是从五年级、四年级甚至三年级“陡然跌进”初中，等着你的只有漫长的痛苦和沮丧。

你们需要一个认真制订、严格执行的学习计划。你们要在放假的第一天就安排好每日的学习和生活。

充分学习，充分锻炼，充足睡眠。每天阅读、学习时间不少于四个小时。阅读学习半个小时之后，放松休息一次。如有特殊缘故耽误了学习和阅读，第二天一定要补上。

你们需要一个书单。暑假开始，即步入为期三年的“初中阅读”。不要让你们的阅读单纯被兴趣牵引，单纯追求轻松好玩的阅读，其实是一种巨大的浪费。容易走的都是下坡路。

宝剑锋从磨砺出呵。宝剑是智慧之剑，能够磨砺宝剑的，只能是坚硬的石头。这坚硬的石头，就是有坡度、有深度但让你终身受益的经典阅读。

希望你们的父母能够一如既往地和你们一起读书。如果父母因为种种原因不给你买书，不要责怪他们，多在自己身上找原因。

想想《瑞恩的井》，想想瑞恩最初的70加元是怎么来的。当然，你也应该想办法借阅。

这是开给佼佼者的书单，这是写给优胜者的信件。每一个收到信件的人，都是我心目中的佼佼者、优胜者。

还记得罗森塔尔的教育实验吗？老师将期待和信任给予了你们，剩下的，就看你们自己了。

生活是没有结束的赛场。漫长的比赛中，必须劳逸结合，但绝不能高枕而卧。成功无捷径。为了成为拥有飞一样的速度的兔子，你们必须先有小龟的恒心和毅力。

日记不要中断。让读书成为日记的重要主题。在日记中，尽量不要写灰色话题。那些沉重的事情，忘记还怕来不及呢！

这是唯一的信，也是一封长信。它要求“真正的收信人”用三年的行动去阅读、体会信的内容。

这绝不是一次轻松的郊游，这是一条通往光明开阔之地的上行之路。它需要恒心、毅力以及慎独精神。

愿你们走好！

祝你们勤勉快乐每一天！

你们的语文老师薛瑞萍

2010 年 6 月 4 日

后 记

16、17 日考试。今天上午第一节语文课，播放《呼伦贝尔大草原》。德德玛的歌声令人荡气回肠。厚重、醇美，温存、开阔而略带酸楚。

久违的音乐撩动、荡漾了师生的回忆。然后读信。教师读第一部分，四位学生接续朗读后三部分。全班齐读《砖头房子》《可怕的暑假》的若干段落。

教师以为，若要信件有用，就须在正式课堂上，正式地朗读。等到考试结束，彻底松劲，说什么都事倍功半了。

今晚布置家长读信，下周布置学生回信。

这封信于5月15日开始写，基本定稿于5月25日。那是一个眼枯力竭、志得意满的下午，因为开心更因为疲倦，教师极潇洒地将5 000多字删除、保存、关闭，然后关机——然后仰天长啸，欲哭无泪。现在这4 000多字，是教师自25日晚开始，咬牙切齿地从记忆中打捞——打磨出来的。其中也包含了很多网友的心血。

一朝权在手，便把令来行呵，自己费了那么大劲，不令学生做出相应的付出，看云岂能善罢甘休！

感谢网友对于书单的关心。“这样的老师”开给“这样的学生”的书单，必定深深浸透云的印记，必有很多偏颇与不足。

换一个角度看，这些偏颇、不足，也许正是其优点所在呢！

呵呵，六年了，不容易呢。自我鼓励一下。

6月9日 / 星期三 雨

学生回信（外一则）

一、读信

这可能是薛老师给我们写的最后一封信了，所以我们都很珍惜。

吃过晚饭，我把爸爸妈妈聚在一块儿，关了电视，就在一起读了这封长信。

读过之后，爸爸对我说："儿子，你想要哪些书，礼拜天一定给你买！"

"我都想要！"

"那哪行啊，你先找几本现在就想看的，反正一时半会儿你也看不完。"

"好吧，那我就要《永远讲不完的故事》《万物简史》《狼图腾》这三本。"

“好！你一定会得到的！”

我终于可以看上好书了！随后，我亲了爸爸一下，也亲了妈妈一下。（王勇魁）

这封信要求“真正的收信人”用三年时间阅读、体会它。我看完这封信，在心中默默地说：我一定要做这封信真正的收信人！（宋振亚）

读到了信的结尾：“愿你们走好！祝你们勤勉快乐每一天！你们的语文老师薛瑞萍，2010年6月4日。”不知怎么了，喉咙像给一个东西堵住了，眼睛湿润了，哽咽了几下，泪水大滴大滴地淌了下来……（丁若琳）

二、想起往事

想起了许多有趣的往事，印象最深的就是班上曾经涌起的“写书热”，我奇迹般地写出了一本薄薄的书——《企鹅村和猪猪村》！

六年过去，不知不觉中我们读了多少书啊，从《失落的一角》《蚯蚓日记》到现在的《成长的岁月》《万物简史》。

对了！还有那些音乐！从《高山流水》《渔舟唱晚》到《天亮了》《第一号法国号协奏曲》。噢，真美好！（马静婷）

您给我们带来了吟诵，从此，我们的语文课就变得更加轻松、快乐，就有了更多的掌声和欢笑。

每当想起您提着那个装书的绿袋子大步走上讲台的样子，不知道为什么，我总可以把一切不愉快的事情忘记。（王艺伟）

您给我们讲《希利尔讲世界地理》。意大利有一座城市叫那不勒斯，这座城市的后院有一个大灰堆，其实是一座火山，叫作维苏威火山。

维苏威火山是一座活火山，它每天都在活动，晚上喷火，白天冒烟和水蒸气。

有时候火势猛烈，石块和灰尘喷到天上，碎石头像灰尘一样飘浮在空中。

两千年前的一天，火山突然爆发了，岩浆和尘土淹没了整个城市。当时的人们还没有反应过来，短短

几秒钟，世界末日就降临到他们头上。（张婉君）

三、我是借读生

我是四年级来到这个班级的。三年以来，老师给家长的每一封信我都保存着。

《一如既往——期中测试后致家长信》《为什么我们需要乐善好施》《另一种海鸥》《请信我言，请跟我来》《老调子和新任务》《将爱的作业进行到底》……除了这些信，我还保存了许多打印在纸上的故事，比如《护鹤天使徐秀娟》、《从百草园到三味书屋》（一）、《从百草园到三味书屋》（二）、《桃园结义》……（魏鹏）

我是借读生。老师，我知道我的阅读能力不是很好，您奖励我的书，我都仔细读了。

《阁楼上的光》这本书，在班级公用图书里，我将这本书看了三遍。您奖励我的这本书，我又把它看了两遍。

我觉得谢尔·希尔弗斯坦的诗歌非常有趣，令人百读不厌。（李欣会）

来到这里只有半年，我一来到这个班级，就被班上的书和您手上的书吸引住了。

老师，我不骗您，“回顾”那一部分书，我一本都没有读过，我知道，您听到我一本都没有读过，一定会不喜欢我，瞧不起我。但是不管怎样，没有读过就是没有读过，请老师替我保密。

老师，我一定要在这个暑假将以前没有读过的书读完。我还要争取在三年里读完一些您推荐的书。

多么希望早点认识您，要是我一年级就来了，那有多么好！（张萍）

四、暑假计划

我在70天里不要变成土豆也不要变成网虫。我要变成一个乖巧、可爱、心灵美的女孩，惹人喜爱，帮助父母干活。

不知道薛老师喜不喜欢狗，我在这个夏天准备养一只小狗，名字就叫“毛毛”，很熟悉吧？这是一本书的名字，用来做小狗的名字，真是再合适不过了！（李想）

老师您说：“如果天天对着电视，慢慢你会变成土豆。”我已经很胖了，不能再长胖了。

这个暑假我打算买一个拳击手套和一个沙袋，每天早晚各打一个小时。上午九点到十一点看书，十二点帮助父母做家务。中午吃完饭休息一小时，下午上补习班。晚上我和爸爸一起跑步，还要读一个小时的书，我会觉得很充实。

我想知道薛老师您在暑假有什么打算呢？（朱紫晖）

五、关于日记

“日记不要中断。让读书成为日记的重要主题。在日记中，尽量不要写灰色话题。那些沉重的事情，忘记还怕来不及呢！”这段话让我格外感动，我也说不清为什么。读着它，就好像听见薛老师在说话，好和蔼可亲哦！

无论如何，我会一直把日记写下去，因为这是一种乐趣。我也不会写灰色话题，就像老师说的：“那些沉重的事情，忘记还怕来不及呢！”（胡婧怡）

暑假里不要不写日记，这一条我肯定能遵守，肯定得不能再肯定。因为我写了六年日记，已经写习惯了。

如果我在规定的日子里不写日记，就会觉得很不舒服。总是觉得有千万只小虫子在自己身上跳舞。大约，这就是“自圆心理”在起作用吧。

现在人们学习不过是为了考好学校、找好工作而已，已经很少有人会把书籍当作丰富自己知识、提高自己修养的东西了。（黄云飞）

六、不要笑我

现在我正在阅读厚重的《万物简史》。

我最喜欢的杂志是《读者》，里面有很多小故事；我读得最吃力的是《希腊神话故事》。

不要笑我！不信你读读，能轻松吗？那一大串一大串的名字会绕昏你。比如：阿尔茜诺埃、涅俄普托勒摩斯，新的人物总是层出不穷，到时候，你连谁是谁都分不清了！（晏楚芸）

您对我们要求严格，经常罚我们抄书。我抄过非常多的书，可是我依然兴致勃勃地抄！

请您放心，我以后一定会把这抄书的劲头化为学习的动力的。我希望您相信我。我原来有过不写作业的时候，也希望您原谅我。

老师，您的书单给我的触动很大，原来您已经带着我们读了那么多的好书，而有些书我却根本不知道！这只能说明我读书太少了！

我的同桌晏楚芸对我帮助很大，我很幸运有这样的一位同桌。我一定要在期末考出好成绩，报答老师和同学。（张思凡）

七、抄信

虽说这是一封，也是唯一一封写给她的孩子们的信，但是作为孩子的家长，我已经读了两遍。

今后我还会去读，不厌其烦地去读，因为再有不到一个月时间，孩子和我就要跟您说再见啦。以后和您面对面、心与心交流的机会就少多了。

当然，我还会通过其他途径向您取经的，我还会一如既往地把您的期待和信任一并交给孩子，并扶助他自己去实现他的目标，让他做一个您心目中的佼佼者、优胜者。

目前他已经慢慢养成阅读习惯了，老师您每次推荐的好书，我都尽快买来让他去读，只是他还未养成做读书笔记的习惯。

您的这封信提醒了我，从暑假开始，就让他以日记的形式认真做好读书笔记，多读一些有坡度、有深度、终身受益的经典书籍。也只有这样，他才能寻找到通往光明开阔之地的上行之路。

以前老师您写给我的每一封信我都完好无损地保存着。为了更好地保存这唯一一封写给孩子们的信，今天我就在孩子的日记本上把这封信一字不漏地抄录下来，也好时刻鞭策我们自己。（李旭冉母亲：徐会）

又及：

这一次，共有6位家长在孩子的日记本上写了读后感。16开，整整8页，是蓝色的钢笔字迹，也是涨潮的感情海洋。

读书课上，教师擎着黑色封面的厚重日记本，一页，一页，缓慢、恭敬地向学生展示手抄信全文，任无边辽阔、无底渊深的母爱由素纸漫涌而出，淹没整间教室——每个人的心。

静穆中，不少孩子眼圈红了，我知道他们想起了自己劬劳的父母；静穆中，只听见淅沥的雨声和庄严的翻页声，我希望他们将此刻的感受永镌于心。

6月10日 / 星期四 阴

近道或一些巧事

一

连日阴雨，气温总在20摄氏度徘徊。记忆中没有过如此凉爽的六月。人倒是舒服，庄稼却遭了殃。

从来以为，就母语学习而言，与“温故而知新”一样重要的是“知新即温故”。

一个人的认知世界若还生机蓬勃、充满希望，就必是一个完整开放的有机体，每有新知进入，所有故知都会为之一动，为新知的进入做主动、协调的重新组合。

新知是盐，让复习的日子免于腐烂、有滋有味，也让班级自始至终保持着新鲜、上进、凝聚的状态。

幸亏有了《日有所诵》！六一之后，教师要求学生每天都将《日有所诵》装在书包里。诵读，已经不只是周一上午的事情了。

明明德——亲民——止于至善

止——定——静——安——虑——得

本末——终始——先后——近道

有了板书的提示，只几遍他们就能背了：

大学之道，在明明德，在亲民，在止于至善。知止而后能定，定而后能静，静而后能安，安而后能虑，虑而后能得。物有本末，事有终始。知所先后，则近道矣。

琅琅书声中，不由得想起一年级时写给家长的21封信。六年级了，今日之诵读，是对《定能生慧》的遥远而温暖的呼应。教师相信：为期六年的阅读、朗读和诵读，已使“定能生慧”成为佼佼者们的信念。

六年级诵读《〈大学〉精选》正当其时。需要对自己一贯说法进行更正的是：看云并非一概反对儿童读经，看云反对的是毫无体验的“鹦鹉学舌”和强制灌输的死记呆背。

儿歌、童诗、晨读对韵—唐诗、宋词、元曲、《诗经》—《论语》《孟子》《大学》《中庸》。如此循序渐进，如此缓慢实在，正所谓：“物有本末，事有终始。知所先后，则近道矣。”

二

> 我从来没有见过云雀，尽管我黎明即起，也是徒然。云雀不是地上的鸟儿。
>
> …………
>
> 谁能告诉我云雀在哪里歌唱？
>
> 如果我仰望苍穹，太阳光会烧灼我的眼睛。我只好不去看她。云雀生活在天上，在天上的飞鸟中，唯有你，歌声闻于人间。（列那尔《云雀》）

如果你同意看云，认为这也是经，而且是更适宜儿童的经——这样的“经文”，有如云雀，用它歌声的翼翅将童心引向露湿的草地、灿烂的朝晖、无边的苍穹，那么——看云就是坚定不移的读经派！

> 他们那些修长的枝柯互相抚摸，像盲人一样，以确信大家都在。每当狂风劲吹，想把他们连根拔起，

他们就张拳怒目，挥动手臂。平时他们只是和睦地轻轻细语。

我感到这里才是我真正的家。兴许我将忘记我的另一个家吧。这些树木将会逐渐接纳我，而为了不负这份雅意，我学会了应当懂得的事：

我已经懂得凝望浮云。

我也懂得了守在原地不动。

我几乎学会了沉默。

（列那尔《一个树木之家》）

于是和学生聊起《第 56 号教室的奇迹》。“……关于第 56 号教室，最令雷夫老师自豪的，不是教室环境的优雅美丽，也不是学生成绩的普遍优秀，而是学生的——”

“沉静，文明，知礼！”真正的异口同声呵，大约是受了教师口型的暗示，学生缓慢、充满向往地，和看云一起说出至为可贵的六个字。这是戏剧都不敢编排的巧合啊！为什么竟能发生？

可惜，只是口头禅。事实上，六（2）班离这六个字还挺远。

“什么？还挺远？！已经够好了！你的要求不要太高！”班主任抗议道。

三

看云整理书单的同时，班主任也在给学生写信，并将此事写进教育记事。

> 在这个班即将毕业之际，我的心里很不平静，有许多的不舍和留念，像一个母亲送孩子出远门似的依依不舍。
>
> 我为我的学生写了《毕业寄语》，放在我的 QQ 空间（他们绝大多数都是我的 QQ 好友），希望他们看了我的信，都能理解我的心情，都会如我希望的那样，在今后的生活中好好学习、好好做人，成为对社会有用的栋梁之材！

物有本末，事有终始啊。到这个时候，看云终于可以说：过去两年里，王祥玲、薛瑞萍这对正副班主任堪称 62 中的“黄金搭档”。

只要略有空闲，我们就在一起聊学生，准确地说，是夸学生。“这个班的学生好感人哦！”“这个班的孩子个个都可爱！”……几乎成了王老师的口头禅。这让看云好生欣慰，好不自豪！这也让其他班级的搭档们好生羡慕，好不眼热。

数学教师带班自有其特点和长处。感谢王老师，两年来，她的严格要求加上大胆放手使得学生的实践能力、自我管理能力得到了充分锻炼和大幅提高。在很多方面，学生成长得更快了。

明天下午，六（1）、六（2）两班合办毕业联欢会。开学之初，班主任布置下去就不再过问。“要放手发动群众。要相信孩子们的能力！等着看吧，一定很精彩！”班主任胸有成竹。于是想起2009年12月31日下午“迎新联欢会”带给我的意外之喜，于是对明天充满信心——充满期待。

两位班主任都有节目，都是唱歌。我也有所准备：在《潇湘水云》乐声中展示、简介《清明上河图》——当然是仿真品，为的是让他们记住《写给大家看的中国美术史》。

四

合肥市“校长杯”少年足球赛结束了，62中六（2）班被评为优秀球队，全市仅有的两名优秀队员也都在六（2）班。看云奖励他俩的是《当代体育》之巨幅中插，都是球星驰骋沙场的动人瞬间，都是八九年前的老照片。它们曾经是金戈的最爱。教师希望男生由此订阅《当代体育》。

贝克汉姆是男生的头号偶像，可我这里只有一张小贝，怎么发呢？

“高陈，给你贝克汉姆。”

“谢谢老师！”高陈的“喔喔嘴”笑歪了。下面一片艳羡的欢呼：“哇——”

“×××，给你罗伯特·皮雷斯。知道为什么吗？想想《我和贝克汉姆》，那是你的日记，因为粗心，你把‘贝克汉姆’写成什么了？”

男孩脸红了，心悦诚服地走上台来，双手接过“罗伯特·皮雷斯”，以同高陈一样的语调大声说出：“谢谢老师！”

“那孩子，居然把贝克汉姆写成贝壳汉姆了！多亏这一低级错误，否则奖品还不好发呢！”回到家里，我对先生说。先生笑得不行！

一样的话，如果在教室说，定然引起哄堂大笑，但那是“负数的快乐”，教师应当警惕、远离“负数的教育”。

6月12日 / 星期六 晴

节目点评

端午放假，今明两天分别上周一、周二的课。16、17日考试。

“昨天下午，六年级两个班在多媒体教室成功举办了毕业联欢会。你们的台上表演、台下表现让班主任兴奋不已，也让薛老师倍感自豪。

“这是节目单，我想点评节目。薛老师面临两个选择：第一，实事求是，从严要求，该褒的褒，该贬的贬，这样有利于你们今后的进步；第二，也是实事求是，但放宽了要求，只褒不贬，只说优点，这样我们将皆大欢喜。你们要第几条？”

“第一条！”学生答。

“很好！这也正是我的想法！鲍秉轩的萨克斯《同一首歌》新人耳目；江业雯、王艺伟的《双簧》出人意表。

江业雯的尖嗓子居然顶起了《青藏高原》，真不易！王艺伟舞姿翩翩的样子很妙曼，也很抓人！缺点是虎头蛇尾，后半截相对平淡，如果去掉会更好。以后学节目不要生搬硬套，要敢于取舍，敢于创新。

“小品《大方说事》再次证明郭乐、方子妍、方子裕的三人组合是成功的。《卖拐》也很好，韩玉琤、马静婷、项文静的表演各得其妙。施淑静等朗诵《明天，我们毕业》，竟将第 12 册的最后一篇课文通篇背下，着实令人感动！

“需要隆重表扬的是小品《恐怖分子在中国的恐怖遭遇》。李宋杰、李旭冉、魏鹏扮演的新闻主播，说话字正腔圆，台风落落大方；姚剑强的恐怖分子既鬼头鬼脑又不失孩子气；高陈一人串演多个角色，个个角色都出彩。恐怖分子空降刚刚落地，天上忽然传来一个声音——蹲伏于地的姚剑强头顶上方齐声呐喊：‘你——妈——妈，喊你——回家——吃饭——啦！’声震屋瓦，堪称高潮！

“朗诵节目普遍存在两个问题。第一，声音不够响亮，语调有些拖沓。这是长期齐读造成的后果，但语文课上若不齐读，很多同学恐怕就彻底不朗读了。以后，你们要注意语调的干净、利落和节奏感。第二，五个朗诵节目居然没有一个用到音乐，这让老师觉得很失败！那么多篇配乐的课文朗诵，那么多首美妙的音乐；还有玛丽亚·凯莉的《失去你》配《黄鹤楼送别》，还有民乐合奏的《二泉映月》配课文《二泉映月》，水乳交融、天衣无缝啊，我们的配乐朗读曾让我们自己陶醉不已！哦，难道都白听白忙了吗？在这最后两天的时间里，我要专门就配乐诵读给你们做示范。这是补课。希望你们仔细倾听，好好揣摩。”

（打开《琴箫佛乐》，诵读《日有所诵》序言开头两段）

诵读就是深层阅读。日不间断的记诵，就是炼心的过程。水滴石穿，绳锯木断，天长日久，积累的是语言，培养的是诗性，也是定力和静气。

光有智商是靠不住的。什么叫智慧，就是对应当做和必须做的事情专心致志。背诵就是炼心，就是修戒定慧，就是培养聚精会神的能力。当他聚精会神，他便融入对象，吸取对象，成为对象。就这样兴趣盎然地一路背下，或早或迟，或深或浅，所读所诵，都将内化为他们的精神气质。

6月13日 / 星期日 晴

栀子花开

一

栀子花开了，阔别一年的香气由后窗汩汩涌入。如此浓烈，如此深情。缭绕我，似缠绵的乐音，又如亲爱者馥郁的激动，仿佛特为安慰我近盲的悲哀。

这是今年第一次嗅到栀子花香。栀子花、兰草花、葡萄花、香樟花、百合花、桂花……我深爱这些花的香气。

哦，当春到来，漫山遍野寻兰花、摘杜鹃、采清明果的疯丫头到哪里去了？大别山的兰草花已经快绝种了。

二

今天四节课，本班三节，六（1）班“品德”一节，我挺高兴，否则，我可能会百无聊赖。

上午第一节语文。跟着录音机听读课文《理想的风筝》，要求学生留心音乐；郭乐、方子妍、方子裕吟诵《清明》；全班诵读兰波的《橱柜》、海涅的《我们那时是小孩……》；教师在歌声中演示家长会上的讲演片段——歌声是恩雅的《可能》，讲演是四年级下学期的《另一种海鸥》；听读课文《孔子游春》。

下午第一节语文。自主复习第七单元。综合评估卷、单元测试做完后，每天自主复习一节课，一节课复习两个单元，复习好了就做作业。这些日子的作业是抄写《日有所诵》里的诗篇或者名句。

第二节“品德与生活”。教材早已结束，这节课的任务有五项。

一、听读《明天，我们毕业》。

二、朗读《贝多芬与歌德》，意在帮助他们记住胡赫的传记体小说《贝多芬》。

三、诵读《〈大学〉精选》，因为教师贪图那诵读带来的享受！

……致知在格物。物格而后知至，知至而后意诚，意诚而后心正，心正而后身修，身修而后家齐，家齐而后国治，国治而后天下平。

一正一反，层层推进；气势磅礴，元气淋漓——语势和逻辑的力量多么养耳养心！

……人之视己，如见其肺肝然，则何益矣？此谓诚于中，形于外。故君子必慎其独也。曾子曰：‘十目所视，十手所指，其严乎！’富润屋，德润身，心广体胖。故君子必诚其意。

学生读到这里，声音里满是感触，颇令教师自豪！在本班，“相由心生”已是很多人的信念。

四、随文解字。因《孔子游春》解“夫子”的“夫”，因《明天，我们毕业》解“同学”的“同”。这是教师有意留给“最后一课”的教学内容。

五、听音乐。盛中国的《梁祝》萦绕于教室。《梁祝》是他们从一年级开始就熟悉了的。就这样，一直听到下课。

下课了。道别之后，教师将常年放在教室的“面包机”提走了。再一次响起，将是在另一间教室，另一个班级。

三

现在是下午六点半。本文第一部分写于上午。

栀子花开了。阔别一年的香气由后窗汩汩涌入。如此浓烈，如此深情。缭绕我，似缠绵的乐音，又如亲爱者馥郁的激动，仿佛特为安慰我近盲的悲哀。

“好好看看，花香到底来自哪里？”上午，读到这里，李君华拍案而起，“好啊！默默地，我一直等到现在！这么一大束花，最终你还是没有看见！就会在这里乱写！”

睁开倦眼，看见了茶杯里密密匝匝的栀子花。“哦，原来是你摘的！谢谢！怪不得这么浓！不过，你不觉得‘阔别一年的香气由后窗汩汩涌入’很艺术、很诗意吗？”

“什么艺术！什么诗意！给我改过来！一定要实事求是！”

“我这也是实事求是！有艺术的真实，有物理的真实。对人而言，艺术的真实高于物理的真实，艺术的真实比物理的真实更真实……”

“强词夺理！其实我根本就不喜欢栀子花的味道！我

喜欢的是你不喜欢的茉莉花的味道！为了你我才采了这么多。你却视而不见，明明看见了还坚持胡说乱写！”

“哈哈哈哈！‘似缠绵的乐音，又如亲爱者馥郁的激动’啊！”一通大笑之后，看云神清气爽，倦意全无。

四

此时，教师的桌上除了栀子花，还有很多鲜花，都是学生送的。作为教师，过多记叙学生礼物是没有涵养的表现，但我还是要在这里录下一个孩子写在自制贺卡上的话。那是一张很大的贺卡，内页贴满干花、干叶。孩子分三页写道：

世界上最甜蜜的语言
交流在您我之间
世界上最温馨的场面
发生在您我之间
世界上最真挚的祝福
传递在您我之间

老师

送您一屋的花朵

——最美最美的祝福

我是

世界上

最快乐的

云门弟子

——GY

附《另一种海鸥》片段：

各位，作为普通工人、普通农民，如果不是在这里，在孩子的课堂、孩子的家长会上，我们一生能有几次这样的经历——64 人同在一室、同听一首歌、同看一本书的经历？

教师是爱音乐、爱书籍的，然而独自享受的快乐，无论如何也不能与师生同听一首歌、同看一本书、同诵一首诗的幸福相提并论。因为一班人一起沉浸于同一美好事物的感觉，就是一群小鱼游成一条海洋里最大的大鱼的感觉。

对于儿童来说，这种感觉如果足够充沛，足够有力，如果这种感觉是他日常生活的一部分，那么儿童今天在教室听到看到享受到的一切，都将作为饱满的种子、优质的煤炭埋藏在儿童生命的深处。

将来，当机遇来临，种子会生根发芽长叶开花；将来，当他们身处黑暗寒冷的环境，煤炭自会燃起熊熊的火焰——他们将靠自己的光明和热力，驱赶黑暗和寒冷，战胜黑暗和寒冷。

附录

Appendix

索引

教师阅读

语文教学

班／级／书／单

中国作品

系列图书

连环画系列《东周列国》（全30册）：

《烽火戏诸侯》
《齐桓称霸》
《唇亡齿寒》
……

《星火燎原》全集精选本：
徐向前、刘伯承 等／著

《“八一”的枪声 》
《三湾改编》
《炊事班长老刘》
……

单本图书

《艾青诗选》
艾青／著

《把一切献给党》
吴运铎／著

《如平美棠——我俩的故事》

饶如平 / 著

《呼兰河传》

萧红 / 著

《仰望苍穹　中国天眼之父南仁东》

王华 / 著

《给孩子的历史地理》

唐晓峰 / 著

《我的自然笔记》

朱爱朝 / 著

国外作品

单本图书

《长征：前所未闻的故事》

[美] 哈里森·索尔兹伯里 / 著，朱晓宇 / 译

《地海巫师》

[美] 厄休拉·勒奎恩 / 著，马爱农 / 译

《地海巫师》

[美] 厄休拉·勒古恩 / 著，蔡美玲 / 译

《牧羊少年奇幻之旅》

[巴西] 保罗·柯艾略 / 著，丁文林 / 译

《格列佛游记》

[英] 乔纳森·斯威夫特 / 著，刘春芳 / 译

《安德的游戏》

[美] 奥森·斯科特·卡德 / 著，李毅 / 译

《爱丽丝漫游奇境》

[英] 刘易斯·卡罗尔 / 著，王永年 / 译

《小王子》

[法] 安托万·圣埃克苏佩里 / 文·图，林珍妮 / 译

《给孩子的汉字王国》

[瑞典] 林西莉 / 著，李之义 / 译

《万物简史》（少儿彩绘版）

[英] 比尔·布莱森 / 著，严维明 / 译

《世界顶尖科学家答儿童问 I 》

[德] 乌利希·扬森、[德] 乌拉·施托伊纳格尔 / 编，[德] 克劳斯·恩西卡特 / 绘图，王萍、万迎朗 / 译